BORGES

em 90 minutos

ESCRITORES
em 90 minutos

Beckett* | Borges | D.H. Lawrence* | Dostoiévski*
García Márquez | Hemingway* | Joyce* | Kafka
Nabokov* | Poe* | Tolstoi* | Virginia Woolf

*títulos em preparação

Também de Paul Strathern:

FILÓSOFOS em 90 minutos

CIENTISTAS em 90 minutos

veja a lista completa em www.zahar.com.br

Paul Strathern

BORGES

em 90 minutos

◇◇◇

Tradução:
Roberto Franco Valente

ZAHAR
Rio de Janeiro

Título original:
Borges in 90 Minutes

Tradução autorizada da primeira edição americana,
publicada em 2006 por Ivan R. Dee, de Chicago, EUA.

Os direitos deste livro foram negociados através de
Ute Korner Literary Agent, S.L., Barcelona (www.uklitag.com)
e Lucas Alexander Whitley Ltd. (www.lawagency.co.uk)

Jorge Zahar Editor Ltda.
rua México 31 sobreloja
20031-144 Rio de Janeiro, RJ
tel.: (21) 2108-0808 / fax: (21) 2108-0800
e-mail: jze@zahar.com.br / site: www.zahar.com.br

Preparação de texto: Mariana Pinheiro Moreira e Clarice Zahar
Projeto gráfico e composição: Mari Taboada
Capa: Sérgio Campante
Ilustração da capa: David Smith

CIP-Brasil. Catalogação-na-fonte
Sindicato Nacional dos Editores de Livros, RJ

Strathern, Paul, 1940-
S891b Borges em 90 minutos/Paul Strathern; tradução Roberto Franco Valente. — Rio de Janeiro: Jorge Zahar Ed., 2009.
(Escritores em 90 minutos)

Tradução de: Borges in 90 minutes
Contém cronologia
Inclui bibliografia e índice
ISBN 978-85-378-0153-6

1. Borges, Jorge Luis, 1899-1986. 2. Escritores argentinos – Século XX – Biografia. I. Título. II. Série.

CDD: 928.61
09-2507 CDU: 929:821.134.2(82)

SUMÁRIO

SOBRE O AUTOR

◇◇◇

Paul Strathern lecionou filosofia e matemática e atualmente vive e escreve em Londres. É autor das bem-sucedidas séries Filósofos em 90 minutos e Cientistas em 90 minutos, também publicadas pela Zahar. Vencedor do Prêmio Somerset Maugham, escreveu ainda livros de história e viagem, bem como cinco romances. Tem artigos em muitas publicações, incluindo o *Observer* e o *Irish Times*.

INTRODUÇÃO

◇◇◇

Borges foi um homem de uma imensa cultura. Entretanto, por uma dessas ironias tão fartas em sua obra, sua vida veio a se assemelhar a uma fábula primitiva. Quanto mais ele ampliou seus conhecimentos e escreveu, mais sua vista foi enfraquecendo, até que ele ficou totalmente cego, perdido no mundo de suas próprias histórias mitológicas.

Borges sempre foi um homem do livro, obtendo uma dose singularmente alta de sua inspiração mais das bibliotecas do que, propriamente, da vida. Mas a perda gradativa da visão desempenhou um papel cada vez maior em sua obra. À medida que sua vista se deteriorava, e que as ruas de Buenos Aires ao seu redor iam se tornando uma "empalidecida cinza vaga", também a sua visão interna tendia a desviar-se da América do Sul, onde ele nasceu, para contemplar nostalgicamente a Europa de seus antepassados. Sintoma disso foi a mudança na sua devoção. No início da carreira, ele recebera influências da fecundidade quase surrealista do grande poeta nicaraguense Rubén Darío:

> O peludo caranguejo tem espinhos de rosa
> e os moluscos, reminiscências de mulheres.
> Sabei ser o que sois, enigmas, sendo formas,
> e deixai a responsabilidade para as Normas.

Mais tarde, ele se voltaria para a visão mais austera e europeia de Franz Kafka:

> Quando certa manhã Gregor Samsa acordou de sonhos intranquilos, encontrou-se em sua cama metamorfoseado num inseto monstruoso. Estava deitado sobre suas costas duras como couraça e, ao levantar um pouco a cabeça, viu ... suas numerosas pernas, lastimavelmente finas em comparação com o volume do resto do corpo, tremulavam desamparadas diante dos seus olhos.

Numa metamorfose igualmente tenebrosa, Borges um dia acordaria cego. A vida do mundo exterior, à qual sempre dedicou tão pouca consideração, fora afastada dele. Em vez de vida e luz, ele se viu reduzido a escuridão e conhecimento.

Tanto sofrimento e aridez teriam arrasado qualquer homem normal. Mas Borges estava longe de ser um homem normal. Durante toda a vida, conservou em seu íntimo um elemento de ingenuidade quase infantil, e a poesia que surgiu dessa inocente fonte soprou vida naquele deserto seco e livresco em que ele ia buscar sua inspiração. As florações do deserto que criava eram breves, muito como as flores dos desertos reais têm vida curta, mas eram também singulares e misteriosamente exóticas. Entre os espinhosos cactos da erudição brotavam pétalas de penetrante beleza. Sua obra tinha um jeito especial de ser, ao mesmo tempo, profunda e pungente, atemporal e tocante – produto de um sofrimento profundo e de uma incorrigível inocência.

Por outro lado, essa inocência – e a timidez que a acompanhava – estragou sua vida. Sexual e emocionalmente, a existência foi na maior parte uma catástrofe para esse filhinho da mamãe, que só se casou bem avançado nos 60 anos. E não foi por escolha sua: apaixonava-se constantemente, mas as mulheres simplesmente não o achavam atraente. Quando ele finalmente se casou, aos 68 anos, mesmo assim a coisa não deu certo. E então ele voltou para a mamãe. Mas, como ele foi forçado a admitir para si mesmo, o "Eu" que vivia a sua vida foi pouco a pouco ofuscado pelo "Borges" que escrevia, cujas palavras lhe trariam seu único consolo duradouro.

VIDA E OBRA

JORGE LUIS BORGES NASCEU em Buenos Aires em agosto de 1899. Na virada para o século XX, a cidade era vista como o centro cultural da América do Sul, e já contava com riqueza e sofisticação consideráveis, mais até do que muitas capitais da Europa. Borges nasceu no seio de uma família ilustre, cujos antepassados incluíam um oficial da cavalaria que teve um papel muito importante na luta do país pela independência da Espanha, no século XIX. O outro ramo da família era britânico, e Borges aprendeu a falar inglês antes mesmo de espanhol, ganhando o apelido de "Georgie". Seu pai era um advogado com frustradas pretensões literárias, que também trabalhava em meio expediente como professor de psicologia numa prestigiada escola inglesa para moças. A sua extensa biblioteca contava principalmente com obras de língua inglesa, como as de Robert Louis

Stevenson, H.G. Wells e Mark Twain, as quais mais tarde o precoce Borges iria absorver avidamente.

Apesar da condição de classe média da família, sua casa situava-se em Palermo, então um subúrbio bastante maltratado dos arredores norte da cidade, onde os inferninhos e os *nightclubs* baratos eram famosos pelo tango (na época considerado altamente indecente) e pelas brigas de faca entre os imigrantes italianos e a gente humilde local. Mais tarde, Borges se sentiria intelectualmente instigado a investigar aquele território proibido.

Embora seu pai fosse um mulherengo, na forma aceita na época, a vida da família era bastante feliz, e o jovem Georgie desenvolveu uma relação muito próxima com a mãe, com a irmã, Norah, e com a avó inglesa. Sua mãe o levava frequentemente ao zoológico de Palermo, que ficava perto de casa, onde ele deu início a uma curiosa obsessão por um tigre. Ele insistia em ficar diante da jaula do animal até o pôr do sol, quando o zoológico fechava. Uma das suas primeiras criações foi um desenho desse tigre, feito quando ele tinha apenas quatro anos. Até os nove, Georgie foi educado em casa. Muitos dos amigos de seu pai eram poetas e escritores – um deles o poeta Evaristo Carriego, que costumava ir à casa da família e apresentar recitais dramáticos da sua poesia. Mais tarde, Borges recordaria: "Eu não entendia nada, mas tive ali a revelação da poesia, ao ver que as palavras não eram apenas um meio de comunicação, mas também continham uma espécie de magia." Ele logo começou a escrever a sua própria poesia infantil.

Em 1914, a família Borges partiu para longas férias na Europa. Quando a Primeira Guerra estourou, em agosto, mergulhando a Europa no caos, a família permaneceu na Suíça, país neutro. Borges começou a frequentar a escola em Genebra e desfrutava longos passeios de barco no lago com Norah. Estudante ávido e extremamente dotado, logo tornou-se fluente em alemão e francês, passando a devorar tudo o que lhe caía nas mãos da literatura desses dois países. Sentia-se particularmente atraído pela musicalidade da poesia lírica do poeta alemão Heine, como também pelo lúgubre romantismo de Baudelaire. Da mesma forma, ficou especialmente interessado na filosofia pessimista do pensador e ensaísta alemão Schopenhauer, e nas anglo-católicas e mais robustas obras de G.K. Chesterton. Seus versos começavam a sofrer a influência desses pensadores e poetas, porém ainda eram produções de um aprendiz.

Depois da guerra, em 1919, a família viajou para a Espanha. Os argentinos da época consideravam aquele uma espécie de "país mãe" retrógrado – a Argentina via-se muito como uma moderna nação americana. No entanto, a Espanha continuava sendo um próspero centro cultural, e na época desenvolvera uma efervescente vanguarda artística, produzindo artistas como Pablo

Picasso e Juan Gris, além do poeta Antonio Machado e da celebrada "geração de 98". A vanguarda literária era representada pelos ultraístas, a versão espanhola do modernismo que então se alastrava por toda a Europa. Os ultraístas rejeitavam a geração anterior de poetas românticos, tachando-os de decadentes, e insistiam na necessidade de inovar e atualizar a concepção moderna do mundo. Foi nesse momento, sob a influência do ultraísmo, que Borges começou a escrever seus primeiros poemas maduros.

Ao retornar com a família para a América do Sul, em 1921, ele trouxe consigo o ultraísmo, que rapidamente se transformou num importante estímulo para os jovens poetas da Argentina. Embora até então Borges estivesse impregnado de um profundo amor pela cultura europeia, seu retorno ao lar despertou-lhe um entusiasmo apaixonado pela cidade natal. Buenos Aires estava se tornando uma metrópole de rápido crescimento, com metrô e os horizontes delineados por construções de grande porte. Ali estava o cenário apropriado para os poemas ultraístas modernos de Borges, que começavam a aparecer nas revistas literárias locais.

Em 1923, aos 24 anos, publicou seu primeiro livro de poemas, com o título de *Fervor de Buenos Aires*. Ele próprio arcou com as despesas da publicação (com 130 pesos dados pelo pai). A capa tinha uma ilustração em xilogravura, feita por sua irmã, do sol se pondo acima de uma típica casa térrea dos subúrbios de Buenos Aires. O livro incluía poemas como "Rua desconhecida", que continha os seguintes versos:

> De penumbra da pomba
> chamaram os hebreus a iniciação da tarde,
> quando a sombra não entorpece os passos
> e o anoitecer é percebido
> como uma música esperada e antiga

Em espanhol, esses versos livres são particularmente musicais e evocativos, como se pode ver pelo primeiro, no original "*penumbra de la paloma*".

A fim de divulgar o livro, Borges começou secretamente a enfiar umas cópias nos sobretudos que ficavam pendurados na redação de uma importante revista literária. Algumas cópias foram lidas pelos escritores donos daqueles casacos, e alguns deles chegaram mesmo a fazer uma menção favorável ao livro na revista.

Apesar da sofisticação literária de Borges e do seu papel de destaque entre os jovens poetas de Buenos Aires, aquele moço de óculos era muito tímido quando se tratava de mulheres. Seguindo a tradição da época, o pai lhe dera dinheiro para ir ao bordel, aos 19 anos, em Genebra. No entanto, a experiência aparentemente acabou sendo um deprimente fiasco e deixou o sensível poeta bastante traumatizado. Mas o jeito reprimido, acadêmico e inglês de Borges ocultava uma alma apaixonada, e foi durante esse período que ele ficou noivo de Concepción Guerrero, a quem descreveu como "uma moça muito linda de 16 anos, sangue andaluz, grandes olhos negros e uma serenidade agradável e delicada, com grandes reservas de ternura". O relacionamento foi exclusivamente platônico, como era de se esperar naquela sociedade latina conservadora, mas de fato deu origem a uma série de poemas de amor. Infelizmente, gerou pouco mais que isso, em parte porque Borges ainda convivia muito desconfortavelmente com a sua sexualidade, e em parte porque ele tinha medo de se desligar de sua possessiva mãe.

Durante os anos 1920, ele teve uma série de amores platônicos insatisfatórios. Também continuava a escrever poesia, publicando dois novos volumes, o que mostra que estava desenvolvendo uma voz cada vez mais individual e os interesses que um dia iriam dar forma ao seu trabalho de melhor qualidade. Isto pode ser visto em títulos como "O general Quiroga vai de coche para a morte", "Manuscrito encontrado num livro de Joseph Conrad" e "Fundação mítica de Buenos Aires".

O primeiro desses poemas fala de uma importante figura da história da Argentina, que desempenhou um papel violento nos anos turbulentos que se seguiram à independência, antes de ser assassinado em 1835 por ordem de Rosas, o ditador direitista. O poema conclui com o assassinato de Quiroga, quando

ferros que não perdoam desceram sobre ele
...
Já morto, já de pé, já imortal, fantasma,
compareceu ao inferno por Deus designado,
e sob as suas ordens, rasgadas, dessangradas,
seguiam almas penadas de homens e cavalos.

Nos anos 1920, Borges também participou da fundação de uma série de revistas literárias, que na maioria tiveram vida curta. Mas em 1930 ele foi um dos fundadores da *Sur* (Sul), que logo se impôs como o mais destacado veículo literário da América do Sul. Dali sairiam diversos ensaios, poemas e contos seus. A equipe editorial incluía muitos dos seus mais chegados companheiros de literatura.

Ainda em 1930, ele publicou a biografia do poeta Evaristo Carriego, cujos recitais de poesia, num "estilo exagerado", tanto o tinham inspirado na infância. Carriego fora deslumbrado com as personalidades que percorriam os antros da velha Palermo. Quando jovem, observara os gaúchos (os vaqueiros argentinos) que haviam se tornado gângsteres naquele selvagem interior entre a cidade e a zona rural, os vigaristas dândis, com todas as suas joias e roupas extravagantes, e as mulheres desregradas que disputavam. Anos mais tarde, Carriego conduzira o tímido Borges em algumas incursões pelo velho bairro, mostrando-lhe os variados personagens.

Carriego já estava morto, porém o interesse de Borges pelo submundo de Palermo se mantinha; agora ele se agarrara a um velho adepto das lutas com faca, chamado Paredes, que passou a guiá-lo por aqueles locais.

Há anos Borges vinha escrevendo cada vez menos poemas e agora, após outro caso amoroso infeliz, sua inspiração poética secou por completo. Em 1930, aos 31 anos, muito contrariado, mais uma vez acompanhou os pais a um *resort* em Adrogué para passarem os meses de verão, e foi ali que veio a saber da morte de Paredes. Resolveu escrever um tributo ao criminoso, seu velho amigo, "para registrar alguma coisa da sua voz, das suas histórias e da sua forma particular de contá-las". O resultado foi um pequeno texto chamado "Hombre de la Esquina Rosada", narrado por um bandido anônimo, num bar da região de bordéis de Esquina Rosada, em Palermo. O bandido conta como uma vez viu Rosendo Juárez, famoso como o mais terrível lutador de faca em Palermo, ser desafiado para um duelo por um desconhecido, de um outro bairro. Juárez não aceitou o desafio. Sua amante, La Lujanera, ficou tão desgostosa diante daquela covardia que foi embora com o estrangeiro. Passado, o bandido se retira do bar. Mais tarde, La Lujanera reaparece, deprimida, contando como, numa briga de facas, um homem matara o seu novo amante. O bandido insinua ter sido ele o assassino, para restaurar o orgulho de Palermo.

Borges encontrava então a sua própria voz, e também o seu verdadeiro *métier*. Começou a escrever uma série de pequenos textos, que iria publicar em 1935 com o título de *Historia universal de la infamia*. Essas histórias pretendem ser descrições factuais de personalidades históricas menores, que vão desde um professor japonês de etiqueta no século XVIII até Billy the Kid.

De muitas maneiras, essas narrativas foram influenciadas pelas histórias de aventuras de Robert Louis Stevenson. Não buscam absolutamente uma profundidade psicológica, porém estão cheias de guinadas irônicas e observações inesperadas, que revelam muito do destino das personagens que descrevem. "El asesino desinteresado Bill Harrigan" proporciona uma olhada oblíqua sobre a vida do homem que posteriormente se tornaria Billy the Kid, inserindo incidentes da sua infância nos subúrbios da Nova York do século XIX:

> Aos 12 anos brigava na gangue dos Swamp Angels (Anjos do Pântano), divindades que agiam entre os esgotos. Nas noites que cheiravam a névoa queimada, emergiam daquele fétido labirinto, perseguiam algum marinheiro alemão, abatiam-no com uma pedrada, roubavam até sua cueca e se esgueiravam de volta à imundície.

São essas as imundas origens urbanas de Bill Harrigan, o grande herói do Oeste americano. O homem que haveria de tornar-se Billy the Kid é tentado pelo apelo "Go West!" dos melodramas baratos de caubóis exibidos na Bowery. Com um sutil aceno para os *westerns* futuros, Borges agora modifica o cenário: "A História (que, à semelhança de certo diretor de cinema, procede por imagens descontínuas) apresenta agora a de uma taberna carregada de perigos", e nos precipitamos para adiante, até uma noite em 1873, num bar do Novo México, no meio do deserto.

> Bill Harrigan, aquele rato ruivo de cortiço, está entre os que bebem. Já deu cabo de algumas aguardentes e está pensando em pedir mais uma, talvez porque não tenha mais nem um centavo.

De súbito, o bar fica em silêncio:

> Entrou um mexicano, grande e troncudo, com uma cara de índia velha. Traz um imenso *sombrero* e um par de pistolas laterais. Num inglês estropiado, dá boa-noite a todos os gringos filhos da mãe que estão bebendo. Ninguém aceita o desafio.

Mais de meio século antes dos *westerns* espaguete, Borges capta todos os ingredientes satírico-realistas desse subgênero que tão vigorosamente nos lembra a realidade histórica e lendária. Estamos ali; quase podemos ouvir a música plangente. Com um mínimo de hábeis palavras, Borges consegue evocar e ao mesmo tempo superar o clichê.

Alguém diz a Bill que o mexicano que acaba de entrar é Belisário Villagrán, de Chihuahua. Tão logo sabe disso, ele fulmina o mexicano com um tiro, protegido pela parede de altos caubóis com quem estava conversando no bar. Em seguida declara: "Eu sou Bill Harrigan, de Nova York." E assim nasce a lenda. Billy the Kid matara sua primeira vítima, a sangue-frio.

Então ele prossegue na criação dessa lenda, tecendo uma infame carreira para si mesmo. "Os detalhes jamais poderão ser recuperados, mas sabemos que lhe foram atribuídas até 21 mortes – 'sem contar mexicanos'." Finalmente, após sete anos de uma vida inconsequente, Billy the Kid cavalgava numa noite quente de julho pela principal rua de Fort Summer:

> O calor era opressivo e as luzes ainda não tinham sido acesas. O xerife Garrett, sentado numa cadeira de balanço na varanda, sacou do revólver e mandou uma bala na barriga de Kid. O alazão seguiu; o cavaleiro tombou na rua de terra.

Durante toda a noite, Billy the Kid ficou estirado sobre a poeira, gemendo e praguejando em sua agonia mortal, até que no dia seguinte, finalmente, ele morreu:

> Fizeram-lhe a barba, vestiram-no com roupas novas e o expuseram ao espanto e ao ridículo na vitrine do melhor armazém.

Outras personagens exóticas de *Historia universal de la infamia* incluem uma pirata chinesa, que à noite costumava consultar as estrelas para adivinhar o futuro; o impostor Tom Castro, cujo inesperado sucesso o levou ao desastre com um final de conto de fadas; e Hakim de Merv, o misterioso profeta islâmico, cuja revelação conduziu a uma pavorosa descoberta. Essas histórias, e suas personagens principais, são sustentadas por fatos, alguns esotéricos, outros lendários, outros banais – e todos aparentemente históricos. O fato se mescla com a ficção ou o evento imaginado, compondo um coquetel estranho, mas profundamente plausível. As vinhetas de acontecimentos assumem um status de lenda, e esses personagens menores, à margem da história, tornam-se na narrativa uma grande parte da história universal de algo muito maior do que eles próprios.

Em 1937, o pai de Borges, então com 64 anos, sofreu um derrame que lhe deixou paralisado o lado esquerdo do corpo. Isso parece ter incitado Borges a, aos 37, se aventurar sozinho na vida e pela primeira vez tentar ganhar o seu próprio sustento. Seu trabalho remunerado anterior consistira em ocasionais ensaios e críticas de filmes e livros para diversas revistas, que lhe pagavam uma ninharia, forçando-o a continuar morando com os pais. Durante a primeira metade da sua vida, tudo o que ele conseguira fora ser um playboy intelectual de classe média, vivendo em meio a outros cuja existência financeira era igualmente acolchoada. Só a sua vasta erudição, resultado de suas permanentes e amplas leituras, e o talento que gradativamente emergia o diferenciavam daqueles amigos na maior parte medíocres.

Como era de se esperar, Borges, maduro porém inexperiente, teve dificuldades para encontrar um emprego em Buenos Aires, cuja efervescente situação econômica anterior começava agora a sofrer com a Grande Depressão mundial dos anos 1930. Ele acabou conseguindo um lugar mal pago na biblioteca municipal que levava o nome de um dos seus antepassados, Miguel Cané. Em relação à casa de seus pais, a biblioteca ficava no lado oposto da cidade, no bairro operário de Almagro Sur, e ir até lá exigia uma demorada viagem de bonde até o fim da linha, seguida de uma longa caminhada a pé. Quando chegava, tudo o que tinha de fazer era catalogar livros durante uma hora mais ou menos, depois do que estava livre para ler. Seus colegas eram uma turma barulhenta, que passava o tempo todo falando de futebol, garotas e lutas, e os modos intelectuais e reservados de Borges não se ajustavam àquilo. Ninguém ali estava interessado nos livros da biblioteca. Borges logo mergulhou no desespero com aquele primeiro contato real com a vida de trabalho. "Certas vezes, à noite, enquanto eu caminhava os dez quarteirões até o ponto de bonde, meus olhos se enchiam de lágrimas diante da minha existência desprezível e lúgubre."

Ele sabia também que era um fracasso aos olhos do pai: não passava de um escritor tímido, de meia-idade e solteiro que ainda vivia em sua casa e publicara apenas algumas poesias e contos que quase ninguém lera. Borges não teria chance de modificar essa opinião, já que seu pai morreu em 1938. Por mais nove miseráveis anos ele continuou trabalhando naquela biblioteca, embora nesse período tenha passado de um simples escritor promissor a alguém com realizações importantes.

O ano de 1938 também lhe traria outro golpe arrasador. Sua vista vinha enfraquecendo cada vez mais no decorrer dos anos. Na véspera de Natal, ele foi à casa de uma mulher por quem estava apaixonado, a fim de levá-la para jantar com sua mãe. Vendo que o elevador estava enguiçado, e ele já estava atrasado, resolveu subir pelas escadas escuras, onde uma janela, pintada recentemente, estava aberta para que a tinta pudesse secar. Mais tarde ele iria recordar o que se passou em seguida, atribuindo a experiência a uma personagem do seu conto "O Sul":

> ... subiu com pressa as escadas; alguma coisa no escuro roçou sua testa, um morcego, um pássaro? No rosto da

mulher que lhe abriu a porta, viu estampado o horror, e a mão que passou na testa ficou vermelha de sangue.

Devido à sua má visão, ele não percebera a grande vidraça avançando sobre a escada. O resultado foi uma série de profundos cortes na cabeça e no pescoço, que vieram a infeccionar, e dentro de uma semana ele estava sofrendo de uma grave septicemia. De cama, teve febre alta e começou a alucinar. Em breve estava à beira da morte. Por vários dias ficou impossibilitado de falar, e no seu delírio acreditava ter enlouquecido. Felizmente conseguiu sobreviver à crise, porém enquanto se recuperava começou a se preocupar que sua mente tivesse sofrido algum dano permanente e que ele pudesse ficar deficiente mental.

Quando pôde se levantar, foi dominado pela sensação da preciosidade de sua existência, experimentando uma inelutável necessidade de se expressar de um modo que fosse profundamente seu. Viu-se então livre da tirania das intermináveis leituras, que o forçavam a basear suas obras em acontecimentos quase factuais e personagens históricos. Dali por diante, decidiu que passaria a inventar suas próprias histórias, usando fragmentos esotéricos de tudo que havia lido. Em vez de ser governado pelas tramas, ele é que as criaria. Em vez de confiar no passado, ele o reinventaria, aventurando-se num mundo intemporal de sua própria autoria.

Já em 1936, Borges escrevera uma análise irônica de um livro que não existia, "a primeira história policial escrita por um nativo de Bombaim", que publicou sob pseudônimo. Dessa vez, resolveu escrever uma engenhosa trama em estilo semelhante, que se chamou "Pierre Menard, autor do Quixote". A história é narrada por um pernóstico crítico literário de Nîmes, no sul da França, que pesquisava os papéis deixados por um obscuro escritor francês, Pierre Menard. O crítico chega mesmo a relacionar, em ordem cronológica, as poucas obras de Menard, juntamente com as datas das publicações e as revistas onde elas apareceram. Essas obras constituem uma astuciosa mistura de realidade e imaginação: as revistas citadas são bastante reais, e os temas tratados também são bastante reais. Elas incluem "uma monografia sobre a *Characteristica universalis*, de Leibniz (Nîmes, 1904)" e "uma transposição para alexandrinos do 'Cimetière marin', de Paul Valéry (*N.R.F.*, janeiro de 1928)". Esse inútil exercício de passar o grande poema de Valéry para uma outra forma métrica, que supostamente teria aparecido na (real e altamente prestigiada) *Nouvelle Revue Française*, já prefigura o que está por vir. Porém, como então enfatiza o narrador-crítico de Borges, essa lista de publicações inclui apenas as obras *visíveis* de Menard.

> Passo agora à outra: a subterrânea, a interminavelmente heroica ... a inconclusa. Essa obra, talvez a mais sig-

nificativa de nosso tempo, consta do capítulo IX e do XXXVIII da primeira parte do *Dom Quixote* ... Sei que tal afirmação parece um disparate; justificar esse "disparate" é o objeto primordial desta nota.

O crítico prossegue, então, explicando como Menard pretendia escrever uma versão contemporânea de *Dom Quixote*. Preparando-se para isso, ele pretendia impregnar-se totalmente do mundo espanhol do século XVII – o mundo do autor da obra, Cervantes – até poder *ser* o próprio Cervantes. Porém, logo se dá conta de que tal coisa seria impossível. Então decide, em vez disso, tentar a difícil tarefa de "continuar sendo Pierre Menard e chegar ao Quixote *através das experiências de Pierre Menard*". Dessa forma poderia reproduzir uma versão fiel de *Dom Quixote*, que ao mesmo tempo seria escrita por ele mesmo. E isto ele consegue fazer tão bem que o que escreve é, palavra por palavra, a mesma coisa que o original. Mas aqui o crítico conclui: "O texto de Cervantes e o de Menard são verbalmente idênticos, mas o segundo é quase infinitamente mais rico." Ele chega até a citar uma passagem de Cervantes junto com a passagem correspondente de Menard. É claro que são exatamente as mesmas. Mas, como afirma o crítico:

> Também é vivido o contraste dos estilos. O estilo arcaizante de Menard – estrangeiro, afinal – padece de algu-

ma afetação. Não assim o do precursor, que maneja com desenfado o espanhol corrente de sua época.

Evidentemente, a história de Borges é uma brincadeira literária, baseada numa anedota bastante fraca. Mesmo assim, na narrativa de Borges essa anedota assume a sua própria plausibilidade e torna-se cheia de sentido. Borges tem plena consciência de que pelo menos uma parte dessa anedota é feita à sua própria custa. Qualquer escritor que, para se inspirar, se baseia na literatura do passado tem, de certa forma, uma culposa sensação de estar cometendo um plágio. Mas toda a literatura não constitui um certo tipo de plágio? Nesta etapa tardia da literatura, ainda será possível, realmente, a originalidade? Já não se tentou tudo antes? O que mais ainda há para dizer? Que novos estilos falta inventar? Ao mesmo tempo em que insinua todas essas questões, Borges sugere que o nosso conhecimento do autor de uma obra, o nosso conhecimento de quem ele é e do que já fez, influencia sutilmente como lemos sua obra. Suponhamos que a poesia rebelde e precoce do vagabundo Rimbaud tivesse sido, na verdade, escrita por um funcionário de banco aposentado, vivendo de suas fantasias? E se descobrissem que o quase cego Borges seria o verdadeiro autor das obras de Hemingway? E se as obras de Renoir tivessem sido produzidas por uma criança autista? Essas sugestões minam sorrateiramente toda a confiança na nossa interpretação de uma obra de arte *julgada unicamente por seus próprios méritos*. Estas são apenas algumas implicações do que inicialmente pode parecer uma pedante anedota literária, baseada numa improvável sugestão sobre *Dom Quixote*.

Borges conseguira libertar-se da tirania do fato reproduzindo um fato (palavra por palavra!). Depois disso, ele tentou uma fuga ainda mais criativa das restrições da realidade e da história real. "Tlön, Uqbar, Tertius Orbis" é também, a seu modo, uma colossal brincadeira literária. Esse texto é narrado na primeira pessoa, dessa vez como se fosse o próprio Borges. Começa por descrever como certa noite ele conversava com o escritor argentino Bioy Casares (que na realidade era seu amigo) quando de repente este menciona um país chamado Uqbar. Borges nunca tinha ouvido falar desse país, e acabam conseguindo obter uma descrição numa obscura edição pirata da *Anglo-American Cyclopedia*. Ali, Uqbar parece situar-se em algum ponto do Oriente Médio, embora não fique claro onde precisamente.

Borges conta então como, dois anos depois, ele se deparou com um misterioso volume de uma obra de referência: *A First Encyclopedia of Tlön (Vol. XI, Hlaer a Jangr)*.

> Agora tinha nas mãos um vasto fragmento metódico da história total de um planeta desconhecido, com suas arquiteturas e querelas, com o pavor de suas mitologias e

> o rumor de suas línguas, com seus imperadores e mares, com seus minerais e pássaros e peixes, com sua álgebra e seu fogo, com sua controvérsia teológica e metafísica. Tudo isso articulado, coerente, sem visível propósito doutrinário ou tom paródico.

Tendo se proposto a tarefa, ele agora embarca numa convincente descrição desse curioso mundo, que de muitas maneiras parece ser paralelo ao nosso, ou talvez o reflexo distorcido do nosso pensamento num espelho. A língua de Tlön não possui substantivos, e por isso o seu povo não tem nenhuma ideia de objetos persistindo no tempo e no espaço. A sua ciência não tem causalidade e consiste em grande parte na psicologia. Sua matemática é ainda mais assombrosa.

> A base de sua aritmética é a noção de números indefinidos. Acentuam a importância dos conceitos de maior e menor, que nossos matemáticos simbolizam por > e <. Afirmam que a operação de contar modifica as quantidades e as converte de indefinidas em definidas.

Borges descreve um mundo muito semelhante à filosofia do irlandês Berkeley, famoso por acreditar que "*esse est percipi*", ou seja, que as coisas só existem quando são percebidas. Em Tlön, basta que um arqueólogo pense num antigo instrumento para que o mesmo passe a existir. Mesmo assim, esse mundo berkeleyiano é curiosamente permeado pelo conceito platônico do idealismo – no qual as ideias puras são a única realidade, o mundo sendo feito de uma mistura impura dessas ideias. Há também muitas referências astuciosas, explícitas e implícitas, a outros filósofos, como Hume, Schopenhauer e Bertrand Russell, cujas ideias têm espaço, cada uma delas, nesse mundo artificial.

Como era de se esperar, essa recriação se expande com a descrição que Borges faz da literatura de Tlön, que é muito uma paródia sutil dos elementos da sua própria obra. Em Tlön, toda obra é criada por um único autor, que existe além do tempo e é anônimo. Assim, não é possível existir algo como criação individual ou mesmo o plágio. Apesar disso,

> a crítica tem o costume de inventar autores: escolhe duas obras discrepantes – o *Tao te king e As mil e uma noites*, digamos – e as atribui a um mesmo autor, determinando, em seguida, com probidade a psicologia desse interessante *homme de lettres*...

A descrição desse planeta, que consiste na mistura da filosofia berkeleyiana com a platônica, termina da seguinte forma:

> As coisas se duplicam, em Tlön; propendem igualmente a se apagar e a perder os detalhes quando as pessoas as

> esquecem. É clássico o exemplo de um umbral que perdurou enquanto um mendigo o visitava e que se perdeu de vista com sua morte. Por vezes uns pássaros, um cavalo têm salvado as ruínas de um anfiteatro.

Abaixo dessas linhas está escrito, quase que num desafio, "Salto Oriental 1940" – o tempo real e o lugar real (no Uruguai) onde Borges terminou (talvez) a obra. Mas a história agora dá uma nova guinada, pois se segue um "Pós-escrito de 1947", cuja significação plena poderá escapar ao leitor do século XXI, já que Borges realmente o escreveu em 1940, e assim, na época, continha palavras vindas do futuro!

O pós-escrito declara sem rodeios: "Aconteceram tantas coisas desde essa data... Vou me limitar a recordá-las." Ele então tenta, jocosamente, esclarecer o mistério de Tlön com a hipótese proposta por seu amigo Martinez Estrada: "Em princípios do século XVII, numa noite de Lucerna ou de Londres, começou a esplêndida história. Uma sociedade secreta e benévola (que entre seus filiados contou com Dalgarno e depois com George Berkeley) surgiu para inventar um país." Mas após vários anos em reuniões e discussões, "os membros da sociedade compreenderam que uma geração não bastava para articular um país". Cada um deles selecionou um discípulo para realizar seu trabalho, e dali em diante aquela "disposição hereditária" prosseguiu, e dois séculos mais tarde "a perseguida fraternidade" atravessou o Atlântico para estabelecer residência no Novo Mundo.

Borges continua com a descrição de vários acontecimentos estranhos que culminam com a descoberta, em 1942, de um baú enviado de Poitiers, na França: "No meio [das peças] – com um perceptível e tênue tremor de ave adormecida – palpitava misteriosamente uma bússola." As letras no seu mostrador foram reconhecidas como pertencendo a um dos alfabetos de Tlön. "Assim foi a primeira intrusão do mundo fantástico no mundo real." Mais para o final do pós-escrito, seu autor afirma: "Se nossas previsões não estiverem erradas, daqui a cem anos alguém descobrirá os cem tomos da Segunda Enciclopédia de Tlön."

"Tlön, Uqbar, Tertius Orbis" é um texto longo (para os padrões de Borges), estendendo-se, na maioria das edições, por cerca de 13 páginas (certamente não por coincidência). Algumas pessoas o acharam demasiadamente longo e trabalhado para uma simples brincadeira literária. Outras se maravilharam ante a consistência e a ingenuidade de Borges ao elaborar esse mundo além do nosso que parece impactar o nosso mundo. Isto, entre outras coisas, é uma metáfora da vida mental, que também consiste em ideias que só adquirem vida quando as invocamos em nossa mente.

O mundo de Tlön é também, sob outro aspecto, uma metáfora de toda a história da filosofia, para a qual tantos já contribuíram, chegando Borges mesmo a admitir a quase inutilidade dos esforços individuais dos filósofos nesse sentido: "Esse plano é tão vasto que a contribuição de cada escritor é infinitesimal." (Aqui, somos lembrados da conclusão pessimista a que chega o crítico de "Pierre Menard, autor do Quixote": "Não há exercício intelectual que não seja afinal inútil.") Apesar disso, parece haver um princípio orientador fundamental em Tlön. Na metade da primeira parte, Borges chega a uma iluminadora conclusão: "Não é exagero afirmar que a cultura clássica de Tlön compreende uma única disciplina: a psicologia. As demais são subordinadas a ela." Pelo menos, temos a chave. Mas será que a temos? Toda a atividade mental pode ser vista como subordinada à psicologia!

Esses dois textos no novo estilo de Borges – "Quixote" e "Tlön" – foram publicados em 1941 numa coletânea chamada *O jardim de veredas que se bifurcam*, homônimo ao conto final do livro, descrito na introdução de Borges como "uma história policial" (como se as demais não exigissem um trabalho detetivesco). Nessa introdução ele também oferece, de brincadeira, uma explicação do motivo de suas histórias serem tão curtas:

> Desvario trabalhoso e empobrecedor o de compor vastos livros; o de espraiar em quinhentas páginas uma ideia cuja perfeita exposição oral cabe em poucos mi-

> nutos. Melhor procedimento é simular que esses livros já existem e propor um resumo, um comentário. ... Mais razoável, mais inepto, mais preguiçoso, eu preferi escrever notas sobre livros imaginários.

Devemos lembrar o tempo todo esse aspecto brincalhão da obra de Borges enquanto lemos seus livros. Eles podem conter muita erudição misteriosa e esotérica, porém foram concebidos como *jeux d'esprit* – anedotas, brincadeiras, jogos. Seu aspecto mais profundo só se torna aparente *depois* de descobrirmos a brincadeira.

Borges agora encontrara triunfalmente o seu próprio terreno literário, e os amigos reconheceram que subitamente ele emergia como um importante escritor. *O jardim de veredas que se bifurcam* foi indicado, merecidamente, para o Prêmio Literário Nacional de 1941-1942, mas, para grande espanto dos círculos literários, foi rejeitado em favor de uma obra medíocre de autoria do filho de um uruguaio autor de romances históricos. Borges sequer recebeu o segundo ou o terceiro prêmio. Seu livro foi descartado por um porta-voz oficial, da seguinte forma:

> Uma obra exótica e decadente que, correspondendo a certas tendências oblíquas da literatura inglesa contemporânea, oscila entre o conto fantástico, a erudição arrogante e obscura e a história policial – obscura a ponto

de constituir verdadeiras trevas para quem a lê, mesmo a pessoa mais culta (excetuando-se aqueles que já seriam iniciados nessa nova magia)...

Esse rebuscado insulto continha, de fato, uma mensagem cifrada. O mundo estava mergulhado na Segunda Guerra Mundial e, embora a Argentina teoricamente fosse neutra, por baixo do pano o governo apoiava as nações do Eixo, a Alemanha nazista e a Itália fascista. (Foi na Argentina que foram viver muitos nazistas depois da guerra, fugindo da justiça por seus crimes.) Em tais circunstâncias, nenhum Prêmio Nacional poderia ser conferido a uma obra com semelhantes "tendências" favoráveis à Inglaterra. Imediatamente, a revista *Sur* lançou uma campanha de desagravo à ofensa e dedicou uma edição inteira à obra de Borges "por ocasião de seu não recebimento do Prêmio Nacional de Literatura".

Dois anos depois, Borges publicou uma versão ampliada da sua coletânea, para a qual cunharia o título extremamente apropriado de *Ficções*. Dali em diante, seria este o nome de suas obras mais características: uma forma nova, situada na fronteira entre o conto, o ensaio, a autobiografia e a paródia. Entre as outras ficções desse volume estava o que se tornaria o mais inesquecível de todos os textos de Borges – ironicamente, um conto sobre alguém que jamais esquece coisa alguma, chamado "Funes, o memorioso". A história básica é bem simples:

após uma queda de cavalo, um jovem dos remotos pampas uruguaios, chamado Ireneo Funes, descobre que pode se lembrar de tudo. O narrador, que conhecera Ireneo Funes antes do acidente, conta a sua última visita ao jovem de 19 anos, que está fumando sobre uma cama de armar num quarto escuro. O narrador, na verdade o próprio Borges, passa a noite inteira sentado ali, escutando tudo o que o rapaz conta. Ireneo Funes começa falando sobre o antigo rei persa Ciro, capaz de chamar pelo nome cada um dos homens do seu vasto exército. Depois fala sobre Mitridates Eupator, que falava todos os 22 idiomas de seu império; e prossegue discorrendo sobre outros personagens antigos, famosos por sua memória.

> Com evidente boa-fé ele se maravilhava de que tais casos pudessem maravilhar. Disse-me que, antes daquela tarde chuvosa em que o azulejo o derrubou, ele havia sido o que são todos os cristãos: um cego, um surdo, um aturdido, um desmemoriado. ... o presente era quase intolerável de tão rico e tão nítido, e assim também as memórias mais antigas e mais triviais.

Ele explica ter vivido até ali como num sonho, olhando sem ver, ouvindo sem escutar, esquecendo quase tudo o que experimentava. Mas o acidente mudou sua vida. Ao recuperar a consciência, "o presente era quase intolerável de tão rico e tão nítido, e assim também as memórias mais antigas e mais triviais". Borges consegue transmitir com uma grande força imaginativa a maneira como Funes se sentia, explicando que onde víamos um copo de vinho sobre a mesa,

> Funes [percebia] todos os brotos e cachos e frutos que uma parreira possa conter. Sabia as formas das nuvens austrais do amanhecer do dia 30 de abril de 1882 e podia compará-las na lembrança com os veios de um livro em papel espanhol que ele havia olhado uma única vez e com as linhas de espuma que um remo levantou no rio Negro na véspera da Batalha de Quebracho.

As histórias de Borges frequentemente se articulam sobre um pequeno salto da imaginação, que de algum modo deve tornar-se plausível, a fim de convencer os leitores e os conduzir para o mundo de fantasia do escritor. Isso muitas vezes é alcançado por uma mistura de falsa e verdadeira erudição. Às vezes é a escassez da prosa factual que é convincente, e outras, é a simples felicidade do ato de escrever, a reveladora minúcia das imagens, que consegue transmitir um mundo inteiro. Na passagem em que descreve as lembranças de Funes, somos capazes de ver o que ele vê, captamos o âmago de tudo que jorra sem parar pela sua mente, o fundamento de um mundo que mal percebemos. (Em espanhol, "funes" sugere ao mesmo tempo fonte e fundamento.)

Uma outra dessas novas ficções tem especial relevância para a preocupação contemporânea com leituras alternativas de episódios bíblicos. "Três versões de Judas" organiza-se como um ensaio curto, mais do que uma história, e tem todas as características de um artigo para uma publicação acadêmica, inclusive com longas notas de rodapé e referências bíblicas. O artigo descreve como, em 1904, o erudito sueco Nils Runeberg, da Universidade de Lund, escreveu um livro chamado *Kristus och Judas* (Cristo ou Judas), no qual pensou ter descoberto "a chave que decifra um mistério central da teologia". Afirmou que a traição de Judas a Jesus Cristo, que resultou na sua crucificação, não foi um simples ato provocador com a intenção de incitar Cristo a assumir o seu papel sagrado, cumprindo assim as profecias e a vontade de Deus. Em vez disso, aquilo era "um fato prefixado que tem um lugar misterioso na economia da redenção".

Ao ser publicado, o livro de Runeberg foi recebido com uma tempestade de críticas enfurecidas. "Os teólogos de todas as confissões o refutaram." Em consequência, Runeberg decidiu reescrever a obra, modificando suas opiniões. Nisso, afirmou que Judas não traíra Jesus por ganância, "o móvel mais grosseiro ... [mas] o móvel contrário: um hiperbólico e até ilimitado ascetismo". E foi ainda mais longe, afirmando que Judas "agiu com gigantesca humildade, acreditou que era indigno de ser bom". Esse argumento blasfemo vinha apoiado por convincentes evidências, tanto da Bíblia quanto de afirmações teológicas coerentes, relativas às intenções divinas, antes de chegar à espantosa conclusão sobre os misteriosos caminhos de Deus. Segundo Runeberg, Deus escolheu aparecer na Terra da forma mais improvável:

> Para nos salvar, pôde escolher *qualquer um* dos destinos que tramam a perplexa rede da história; pôde ser Alexandre ou Pitágoras, Rurik ou Jesus; escolheu um destino ínfimo: foi Judas.

Desta vez, quando a edição revista do livro de Runeberg foi publicada, foi acolhida com generalizado desdém e indiferença, o que o levou a uma conclusão muito perspicaz:

> Runenberg intuiu nessa indiferença ecumênica uma quase milagrosa confirmação. Deus ordenava essa indiferença; Deus não queria que se propalasse na Terra Seu terrível segredo. Runeberg compreendeu que não era chegada a hora.

Ele cometera um pecado terrível e, como tantos outros que se comportaram de forma semelhante, deu-se conta de que com certeza seria punido. Todos aqueles que revelaram coisas que deviam permanecer ocultas, os que revelaram a verdade antes do tempo, foram inevitavelmente punidos da forma mais severa. Qual seria o "infinito castigo" que ele sofreria "por ter descoberto e divulgado o horrível nome de Deus"?

Fica louco de medo diante da perspectiva do que lhe poderia suceder. "Ébrio de insônia e de vertiginosa dialética, Nils Runeberg errou pelas ruas de Malmö, rogando aos gritos que lhe fosse concedida a graça de compartilhar com o Redentor o Inferno." O artigo termina lembrando que no dia 1º de março de 1912 Runeberg morreu, vítima de um aneurisma. O autor acrescenta que ele será lembrado pelos especialistas em heresias por ter acrescentado ao conceito do Filho as complexidades da miséria e do ódio.

Mas as ressonâncias irônicas desse pequeno texto persistem muito depois de lermos suas palavras finais. Não é difícil ver, na narração que Borges faz da história, que também o próprio Runeberg assume o papel de traidor, talvez tão grande quanto o de Judas, e que dessa forma também ele poderia ter sido Deus. Essa é apenas uma das interpretações altamente sacrílegas que Borges insinua. Em comparação com esta, a extravagante história do *Código Da Vinci*, de Dan Brown, segundo a qual Judas teria sido cúmplice de Jesus Cristo, não passa de uma brincadeira inconsequente.

Quando *Ficções* foi publicado, em 1944, recebeu o Prêmio de Honra da Sociedade dos Escritores Argentinos. Mas esse lugar ao sol de Borges seria breve. Em 1946, tomou o poder na Argentina Juan Perón, o líder populista nacionalista, impondo imediatamente uma ditadura de estilo fascista. Borges, que juntamente com seus companheiros literatos já assinara várias declarações antiperonistas, foi isolado como um grande inimigo intelectual. Decidiram fazer dele um exemplo, e demitiram-no do seu emprego na biblioteca municipal. Para ridicularizá-lo, "promoveram-no" a inspetor de galinhas e coelhos do mercado municipal. (Fazia parte do insulto a covardia conotada por galinhas e coelhos.) Borges largou o posto, ficando sem emprego algum. Felizmente, acabou conseguindo um trabalho, muito mal remunerado, como editor de uma revista e pôde se virar graças ao jornalismo literário. Para piorar ainda mais as coisas, sua vista se deteriorava seriamente.

A essa altura ele estava com 46 anos, inexperiente em sexo, ainda morando na casa da mãe. Mais uma vez se apaixonou, agora por uma mulher de 28 anos, de classe média, chamada Estela Canto, que trabalhava como secretária mas sonhava tornar-se atriz. Os dois tinham muitas coisas em comum: também ela estava perdendo a visão, morava com a mãe, falava fluentemente o inglês e gostava de ler. É assim que Estela lembra dele nesse período:

> Tudo o que Borges dizia tinha uma qualidade mágica. Como um prestidigitador, ele tirava inesperados objetos de um chapéu inesgotável... E eram mágicos porque sugeriam o homem que na verdade ele era, o homem escondido por trás do Georgie que nós conhecíamos, o homem que, em sua timidez, lutava para emergir, para ser reconhecido.

Estela gostava de passar as noites com Borges e seus colegas literatos mais boêmios. Depois, Borges insistia em acompanhá-la a pé até onde ela morava com a mãe, o que implicava uma caminhada de uns seis quilômetros pelas ruas noturnas de Buenos Aires, em direção aos subúrbios do Sul. Bioy Casares, o amigo de Borges, nos dá um retrato vívido dos dois preparando-se para uma dessas caminhadas de um lado a outro da cidade:

> Ali estavam Estela Canto, praticamente cega, e Borges, também praticamente cego – e a maior parte das vezes ela estava bêbeda. Depois de jantarem conosco, nas poucas vezes em que ela vinha até nossa casa, lá se iam os dois para a rua, aqueles dois cegos...

Parece que normalmente eles seguiam até a casa dela, mas o seu relacionamento permaneceu essencialmente platônico. Estela não tinha nenhum interesse sexual em Borges, que, segundo ela, ainda era virgem.

Esse estado de coisas só seria solucionado alguns anos mais tarde, quando ele procurou ajuda psiquiátrica, depois do quê, ao que parece, teve uma experiência sexual com uma "dançarina".

Foi uma época de grandes dificuldades políticas. À medida que o regime praticamente fascista de Perón intensificava o domínio sobre o país, erguiam-se manifestações contra o governo. Certo dia, a irmã e a mãe de Borges, então com 72 anos, depararam-se com um daqueles protestos e, espontaneamente, juntaram-se a ele. Na ação policial que se seguiu, as duas foram presas. A mãe teve sorte de escapar, pegando um mês de prisão domiciliar, mas Norah, uma mulher já madura, teve de passar um mês inteiro na cadeia, onde foi colocada de propósito na ala das prostitutas. Borges, quase cego, nada pôde fazer senão enfurecer-se em casa, impotente.

Até aqui, esses problemas emocionais e físicos parecem ter sido em grande parte sublimados por ele nos seus escritos, que prosseguiram tal como antes. Agora ele se encontrava no auge da força criativa, e as histórias que escreveu nesse período, juntamente com as de *Ficções*, são consideradas de modo geral como a sua melhor produção. Em 1949, ele publicou uma outra coletânea de ficções chamada *O Aleph*.

O conto-título dessa coletânea começa com a reveladora imagem de como a banalidade da vida cotidiana pode esmigalhar até mesmo as mais preciosas recordações. O narrador – suponhamos que fosse o próprio Borges – conta como, no mesmo dia da morte de Beatriz Viterbo, a mulher que ele amou sem qualquer esperança, "notei que os porta-cartazes de ferro da praça Constitución tinham renovado não sei que anúncio de cigarros; o fato me tocou, pois compreendi que o incessante e vasto universo já se afastava dela e que aquela mudança era a primeira de uma série infinita".

A própria Beatriz é descrita como "alta, frágil, levemente curvada; havia em seu andar desajeitado (se o oximoro for tolerável) uma graça, um princípio de êxtase" (de fato, muito semelhante a Estela Canto, a quem a narrativa é dedicada).

A cada aniversário da morte de Beatriz, ocorrida em 30 de abril de 1929, o narrador descreve a visita que faz à casa de sua família para prestar-lhe suas homenagens. Assim, naqueles "aniversários melancólicos e inutilmente eróticos" ele vem a conhecer o primo dela, Carlos Argentino Daneri, um homem refinado, de cabelos grisalhos, que trabalhava numa função menor numa obscura biblioteca dos arredores de Buenos Aires. Carlos Argentino é um homem pernóstico, um escritor que jamais publicou nada, pródigo "em inúteis analogias e escrúpulos ociosos". Trata-se aqui, evidentemente, de uma precisa e depreciativa paródia do próprio Borges. Porém Carlos é um tremendo e verborrágico chato. Num desses aniversários, quando o narrador leva consigo uma garrafa de *brandy*, ele começa a se soltar, lançando-se na sua representação maldita do "homem moderno". O narrador observa: "Tão ineptas me pareceram aquelas ideias, tão pomposa e tão longa sua exposição, que as relacionei imediatamente com a literatura."

O conto "O Aleph" é cheio de um humor astucioso, muitas vezes à custa do próprio autor. A anedota começa a deslanchar, realmente, quando Carlos menciona o vasto poema em que vem trabalhando secretamente, há anos, chamado "A Terra". Ele explica ao narrador, em seu característico estilo pretensioso, que o poema se trata "de uma descrição do planeta" e que estará cheio de uma "digressão pitoresca". E ele prossegue, lendo uma estrofe que se mostra de uma poesia absolutamente banal. Imperturbável, ele continua explicando em minúcias como e por que aquela estrofe é, "a qualquer título, interessante". Como se não bastasse, revela então que a sua intenção em "A Terra" é nada menos que "versificar toda a esfera do planeta" – descrever cada edifício, cada lugar, cada país do mundo inteiro. Naquele estágio, em 1941,

> já tinha despachado alguns hectares do estado de Queensland, mais de um quilômetro do curso do Ob, um gasômetro ao norte de Veracruz, as principais casas de

comércio da paróquia de Concepción, a chácara de Mariana Cambaceres de Alvear na rua Once de Setiembre, em Belgrano, e um estabelecimento de banhos turcos não distante do renomado aquário de Brighton.

Pouco tempo depois, um dia Carlos telefona para o narrador, muito agitado. O proprietário da casa onde ele mora com a família está prestes a demoli-la, e isso acarretará uma catástrofe. Carlos segreda que "para terminar o poema, a casa era indispensável, pois num canto do porão havia um Aleph".

Ele continua explicando ao narrador a natureza precisa de um Aleph: é "um dos pontos do espaço que contém todos os outros pontos ... o lugar onde estão, sem se confundirem, todos os lugares do planeta, vistos de todos os ângulos". Ele o havia descoberto no porão na sua infância, e agora o Aleph era a fonte que ele usava para todas as informações necessárias ao seu grande poema, "A Terra".

O narrador acha que Carlos enlouqueceu, mas mesmo assim, intrigado, corre até sua casa. Ali, Carlos o leva por um alçapão até o porão. E então ele vê o Aleph. A narrativa aí faz uma pausa, enquanto o narrador (Borges) explica:

> Chego, agora, ao centro inefável de meu relato; começa, aqui, meu desespero de escritor. Toda linguagem é um

> alfabeto de símbolos cujo exercício pressupõe um passado que os interlocutores compartilham; como transmitir aos outros o infinito Aleph ...?

A brincadeira de Borges, então, toma um rumo diverso. Ele avisara aos leitores que tentaria descrever o indescritível e, de algum modo, tornar possível o impossível. "Os místicos, em transe análogo, multiplicam os emblemas." E explica como um místico persa falava de um pássaro que de certa forma era todos os pássaros, e um outro que descrevia uma esfera cujo centro estava em toda parte e a circunferência em parte alguma, enquanto a evocação mística do profeta Ezequiel envolvia um anjo com quatro faces que olhava de frente para os quatro pontos cardeais de uma só vez. Como texto literário este é, ao mesmo tempo, audacioso, ressonante, habilidoso e humorístico, envolvendo considerá-lo em todas essas quatro direções, de uma só vez. É audacioso porque, embora o autor nos tenha avisado que o que está prestes a descrever é indescritível, ele ousa descrevê-lo; e, ao fazê-lo, a escrita se torna um símbolo ressonante (do inefável, depois do mundo inteiro, e ainda mais do que isso); e tudo é realizado com uma soberba, quase subestimada, habilidade:

> Na parte inferior do degrau, vi uma pequena esfera furta-cor, de um fulgor quase intolerável. No início,

julguei-a giratória; depois compreendi que esse movimento era uma ilusão produzida pelos vertiginosos espetáculos que encerrava.

E, claro, é humorístico por, embora ele qualifique o seu feito como impossível, ter na realidade conseguido realizá-lo: descreveu algo que nós sabemos que não existe. Mas queremos que exista, em vários e diferentes níveis. No nível literário, desejamos acreditar na história, para que ela possa prosseguir. Num nível mais filosófico, queremos acreditar que, pelo menos teoricamente, seja possível descrever tudo o que existe: a ciência, assim como a filosofia, tenta chegar exatamente a isso, cada uma a seu modo. Este aspecto do Aleph nos é comunicado quando Borges espia para dentro dele. Embora o Aleph tenha apenas dois ou três centímetros de diâmetro, "o espaço cósmico estava ali, sem diminuição de tamanho".

Uma coisa dessas talvez fosse facilmente aceitável pelos pensadores de séculos anteriores, por exemplo na compreensão medieval. E na história de Borges há uma referência direta (e reconhecível) ao "ver um mundo num grão de areia" de Blake. Mas, fora das referências históricas e literárias, como pode uma mente moderna aceitar semelhante coisa como um Aleph? Borges consegue nos convencer por sua habilidosa escolha das palavras, que possuem um ar de sobriedade e de exatidão verdadeiramente científicas – pois a mente moderna, na verdade, está afinada para aceitar uma imagem assim. É muito como costumamos imaginar o mundo atômico, onde cada átomo pode ser visto como um sistema solar em miniatura. Os elétrons giratórios e o núcleo ocupam apenas uma parte ínfima do todo, o restante do qual pode ser visto como um "espaço cósmico" contido em seu interior.

O Aleph é pequeno, mas mesmo assim há dentro dele espaço para uma cornucópia praticamente infinita de imagens, como constatamos quando Borges olha dentro dele:

> Vi o mar populoso, vi a alvorada e a tarde, vi as multidões da América, vi uma teia de aranha prateada no centro de uma negra pirâmide ... vi num pátio interno da rua Soler as mesmas lajotas que trinta anos antes vira no corredor de uma casa de Fray Bentos, vi cachos de uva, neve, tabaco, ... vira em Inverness uma mulher que não esquecerei, vi a violenta cabeleira, o corpo altivo, vi um câncer no peito ...

É este o olho de Deus. É também a memória de Funes, o memorioso. E é o mundo visto "*sub specie aeternitatis*" (da perspectiva da eternidade) que Spinoza descreve em sua filosofia panteística. É todas as coisas, e ao mesmo tempo é nossa potencialidade de ver todas as coisas: a ambição da ciência, da história, da filosofia, até mesmo da psicologia. É a aspiração humana de conhecer a verdade. E, nas palavras de Borges, é algo simultaneamente lindo, maravilhoso e, de certa forma, sufocante. Acreditamos nisso – como acreditamos na possibilidade de uma tal visão que vê tudo – ao mesmo tempo em que sabemos ser impossível para nós realizar tal coisa. Tanto é possível quanto impossível, assim como na ficção de Borges isso tanto existe quanto pode não existir.

A história de "O Aleph" desdobra-se numa série de viradas, da filosófica à autobiográfica, com o humorista Borges nunca muito distante. Este é com certeza um dos seus melhores textos, em mais camadas do que se podem encontrar na brincadeira implícita e na anedota literária. A história principal parece ter sido escrita em 1941, e termina com Borges saindo da casa que contém o Aleph para o mundo do dia a dia das ruas de Buenos Aires. O narrador Borges trata Carlos como se ele houvesse sofrido um esgotamento nervoso, aconselhando-o a ir para o campo se recuperar. Daí segue-se um pós-escrito, aparentemente de dois anos depois, 1943. Este nos informa como, seis meses após a demolição da casa de Carlos, seu poema épico foi publicado, sendo acolhido com aclamação. Borges chega a ponto de especificar como o poema obteve o segundo lugar no Prêmio Nacional de Literatura, acrescentando que "incrivelmente, minha obra *Os naipes do trapaceiro* não conseguiu um único voto".

Depois de publicar "A Terra", Carlos agora está ocupado com um outro épico, "sua pena afortunada (já não atrapalhada pelo Aleph) se dedicou a versificar os epítomes do doutor Acevedo Diaz". Diaz foi, de fato, o ganhador do Prêmio Nacional de Literatura daquele ano em que *O jardim de veredas que se bifurcam*, de Borges, foi propositalmente rejeitado. Poderia ser uma justa e dantesca punição, para o vaidoso e pernóstico Carlos, gastar suas energias reduzindo a prosa de Diaz, pesada como chumbo, a versos ainda mais plúmbeos.

O narrador discute o Aleph: a ironia é que o narrador começa por duvidar que tal coisa possa existir, enquanto Carlos, que antes necessitara dele para produzir "A Terra", não mais precisa dele para a sua poesia. Ao invés de um Aleph que tudo vê, ele agora tem como inspiração uma obra ridícula, cuja inspiração artística rivaliza com a sua própria. Borges continua discutindo tanto a natureza quanto o nome do Aleph. "Para a cabala, a letra significa o Em Soph, a ilimitada e pura divindade." Borges sugere que Carlos, ao citar nominalmente o Aleph, deve ter cometido um engano, escolhendo o nome de "algum dos inumeráveis textos que o Aleph de sua casa lhe revelou". Maliciosamente, o narrador Borges sugere que, por isso, aquele Aleph devia ser falso: aparentemente devido ao ciúme, ele passa por cima do detalhe de que Carlos efetivamente tinha visto os textos, criando assim um Aleph real! O narrador, então, produz um argumento jocoso, belamente revestido, para reforçar sua tese de falsidade, no qual ele discute o verdadeiro Aleph. Este jamais pôde ser visto (e dessa forma seus milagrosos poderes jamais foram observados na realidade), pois encontra-se sob os pilares de pedra que contornam o pátio central da mesquita de Amr, no Cairo – um dos locais sagrados do islã. O conto termina com uma alegação que é tanto realista quanto metafórica, ressonante e agudamente melancólica:

> Existe esse Aleph no fundo de uma pedra? Eu o vi quando vi todas as coisas e o esqueci? Nossa mente é porosa ao esquecimento; eu mesmo estou falseando e perdendo, sob a trágica erosão dos anos, os traços de Beatriz.
>
> *para Estela Canto*

E assim a história completa o círculo, tanto para Borges na trama quanto para Borges na vida real.

Diversos textos da coletânea *O Aleph* se parecem uns com os outros, ou com textos anteriores, e um deles chega mesmo a fazer uma referência direta a outro: o breve "Os dois reis e os dois labirintos" pretende ser a história a que se refere o anterior "Aben-Hakam, o Bokhari, morto em seu labirinto". Aparentemente, a imaginação de Borges estava começando a falhar – uma situação curiosa para alguém cuja inspiração provinha de uma gama de recursos tão vasta e aparentemente inextinguível. O exagerado emprego dos labirintos, e essa imagem, agora se tornava um aspecto repetitivo de sua obra. Isso pode ter sido em parte um efeito colateral da sua visão que se deteriorava – em tais circunstâncias, a vida cotidiana deve ser muito semelhante à busca do caminho num labirinto. Uma outra imagem recorrente é a do objeto milagroso, quase talismânico, como o próprio Aleph ou o Zahir (uma moeda com poderes metafísicos). E é então que começamos a reparar quantas bibliotecas surgem a todo instante, quer de fato, quer como imagens. Em *Ficções*, "A biblioteca de Babel" começa com a frase: "O universo (que outros chamam a Biblioteca) é composto de um número indefinido, e talvez infinito, de galerias hexagonais." É muito possível que essa imagem do universo como biblioteca corresponda a como Borges foi reduzido a ver as coisas, naquela sua limitada realidade. Mas semelhante visão artística torna-se opressiva, principalmente quando essas ficções são de tal modo curtas e dependem tanto de referências livrescas. Aqui observamos também que Borges usa a palavra "infinito", que, juntamente com o clichê da ambiguidade do espelho, surge com uma frequência enfadonha nas suas obras. Mas para atenuar isto devemos dizer que o uso repetitivo desses temas e imagens – muitas vezes como simples apoios – levaram, de fato, ao refinamento e a um aprofundamento maior das suas ficções. A simples presença deles pareceu inspirar Borges a intuições cada vez melhores, de modo que as versões anteriores, que mais tarde ele irá repetir, podem ser vistas como ensaios prévios. Como acontece, por exemplo, com "Funes, o memorioso", em que a memória omniabrangente do personagem-título constitui uma maravilhosa metáfora, porém não há dúvida de que sua repetição, numa forma diversa, no conto "O Aleph" conduz a uma ideia ressonante mais profunda ainda.

O conto "Emma Zunz", que aparece na coletânea *O Aleph*, talvez seja uma tentativa consciente de se libertar de semelhante e tão restritivo terreno literário. Singularmente, o protagonista aqui é uma mulher. Mas, não tão singularmente, Borges usa uma história que não é original: em vez de extrair seu enredo de uma fonte literária, mitológica ou histórica, ele o toma de uma história que sua amiga Cecília Ingenieros lhe contou. Esta foi outra mulher por quem ele se apaixonou na época, e o fato de ser dançarina sugere que poderia se tratar da mesma com a qual, segundo dizem, ele teria tido a sua primeira relação sexual completa e satisfatória. Mesmo assim, ela logo rompeu o "compromisso", mas, como tantas outras mulheres que Borges conhecera, continuou sendo sua amiga. Com toda a certeza, ele podia ser um companheiro encantador e divertido para uma mulher, mesmo que o brilho da atração sexual se mostrasse de algum modo obscuro naquele quase cego mago da palavra.

Sugestivamente, a trama de "Emma Zunz" desdobra-se num ato sexual. Talvez o fato mais significativo, psicologicamente, seja o de se tratar de um ato sexual brutal, e perpetrado por uma mulher que tanto se faz convidativa a ele quanto o considera com repulsa. O uso do "si mesmo" por Borges, como narrador de muitos contos, além da sua técnica literária interminavelmente sugestiva, e além do fato de que muitos desses contos contêm referências ocultas e alusões cômicas a amigos, tudo isso estimula, com certeza, esse tipo de leitura psicológica das suas obras. E ele tinha consciência disso. Já desde a criação de Pierre Menard ele assumia secretamente essa forma de interpretar obras literárias.

Anteriormente, Borges fizera apenas referências ao ato sexual, quase que de passagem. Mas em "Emma Zunz" ele se mostra mais aberto quanto a essa questão, chegando mesmo a oferecer uma percepção intuitiva dos seus efeitos: que todos os homens, no vertiginoso instante do coito, são os mesmos homens. Muitos outros aspectos tornam esse texto fora do padrão, como não apresentar a usual pletora de referências literárias e alusões eruditas, com apenas uma fugaz referência a espelhos e uma única sugestão de um labirinto. A história é simples e narrada com simplicidade, mas articula-se em torno de uma impostura. O pai de Emma Zunz foi injustamente acusado de fraude no moinho onde trabalhava, o que o forçou a fugir do país, cometendo suicídio alguns anos depois. Antes de partir, ele revelara à filha que o verdadeiro culpado era Aaron Loewenthal, que na época era gerente do moinho, mas que agora fora promovido a um de seus proprietários. Emma ainda trabalha no moinho e, quando sabe da horrível morte do pai, longe, no Brasil, resolve vingar-se de Loewenthal. Ela marca um encontro com ele, porém imediatamente antes do combinado vai até as docas, onde finge ser uma prostituta, oferecendo-se de propósito a um marinheiro comum, de fala obscena, "para que a pureza do horror não fosse mitigada". O marinheiro permanece anônimo:

> O homem, sueco ou finlandês, não falava espanhol; foi uma ferramenta para Emma assim como esta o foi para ele, mas ela serviu para o prazer e ele para a justiça.

Os dois atravessam um verdadeiro labirinto (embora não se faça menção ao mesmo):

> O homem levou-a a uma porta e depois a um turvo vestíbulo e depois a uma escada tortuosa e depois a um saguão (onde havia uma vidraça com losangos idênticos aos da casa em Lanús) e depois a um corredor e depois a uma porta que se fechou.

O ato sexual entre eles acontece "naquele tempo fora do tempo, naquela desordem perplexa de sensações desconexas e atrozes". Esse efeito distanciador parece ser tanto um instrumento literário, necessário à psicologia de Emma, como também um instrumento pessoal necessário para a psicologia do autor (que não é indicado como um narrador em primeira pessoa: essa história é contada na terceira pessoa). Mais tarde, depois que o marinheiro se vai, Emma rasga o dinheiro que ele lhe deu. "O asco e a tristeza encadeavam-na."

Emma então segue para o encontro com Loewenthal, na casa onde ele mora, sobre o moinho. As coisas não se passam exatamente como Emma planejara, mas no final ela o mata com o revólver que ele tinha em sua mesa, e depois telefona para a polícia declarando ter sido violentada e que por isso atirara nele. O parágrafo final conclui:

> Com efeito, a história era incrível, mas se impôs a todos, porque substancialmente era verdade. Verdadeiro era o tom de Emma Zunz, verdadeiro o pudor, verdadeiro o ódio. Verdadeiro também era o ultraje que sofrera; só eram falsas as circunstâncias, a hora e um ou dois nomes próprios.

Embora essa história possa ser atípica em vários aspectos, suas ironias certamente são de Borges.

O escritor dedicou a Cecília Ingenieros o conto "O imortal", uma das outras narrativas presentes no *O Aleph*. Esta também é uma das melhores de Borges, embora incorra em labirintos e no velho estratagema da memória em declínio. As reviravoltas da trama são por demais complexas para serem resumidas satisfatoriamente, mas viram uma aventura clássica de mistério, que transcende o tempo e possui todas as armadilhas de uma travessura acadêmica borgiana, com suas notas de rodapé e suas afirmações espúrias. Ao mesmo tempo, por vezes a história é profundamente evocativa, sobretudo quando o próprio Imortal nos diz:

> No dia 4 de outubro de 1921, o *Patna*, que me conduzia a Bombaim, teve de ancorar num porto da costa eritreia. Desci; lembrei-me de outras manhãs muito antigas, também defronte do mar Vermelho; quando eu era tribuno de Roma e a febre e a magia e a inação consumiam os soldados.

Essa história tem às vezes o efeito de despertar em nós uma estranha nostalgia por uma vida que não poderíamos ter vivido. Essa ironia certamente não terá escapado ao alvo da sua dedicatória.

Dois anos depois da publicação de *O Aleph*, apareceu uma versão francesa de *Ficções*, a primeira obra de Borges publicada no estrangeiro. Em 1953, Perón foi finalmente deposto, instalando-se na Argentina um governo militar. Dois anos mais tarde, Borges foi nomeado presidente da Biblioteca Nacional. Agora ele estava cego demais para ler, um paradoxo digno das suas histórias, e não pôde evitar comentar que recebera "de uma só vez 800.000 livros e as trevas". O cargo fora antes ocupado por não menos que dois escritores argentinos cegos: José Marmol e um dos heróis literários de Borges, Paul Groussac. Borges registrou a coincidência com o "Poema dos dons", em que os poetas se misturam com a cegueira deles:

> ... Deus, que com magnífica ironia
> deu-me a um só tempo os livros e a noite.
> ...
> Groussac ou Borges, olho este querido
> mundo que se deforma e que se apaga
> numa empalidecida cinza vaga.

Daí por diante, Borges passou a ditar seus poemas a secretárias da Biblioteca Nacional. O ato físico de escrever já não lhe era possível, e as suas histórias, seus ensaios e artigos jornalísticos eram ditados em casa para a sua idosa mãe. E o pior de tudo: a conselho médico, agora estava proibido de ler. Isso significava que dependia tanto de leitores quanto de quem tomasse seus ditados. Conforme sua existência se estreitara pela visão em declínio, gradativamente ele aprendera a investir sua vida inteira nos atos da leitura e da escrita. Agora até mesmo essa independência lhe era retirada. Tudo que lhe sobrava era sua mente.

Borges continuou escrevendo poesia por toda a sua longa carreira literária. Na verdade, ele afirmava: "Acima de tudo, penso em mim como um leitor; depois como poeta; e depois como um escritor de prosa." Mas, naquele estágio da sua carreira, sua poesia fora eclipsada – em qualidade, ao menos – pela sua prosa. O tema dos seus poemas permanecia semelhante ao das ficções, como se pode avaliar por uma seleção feita a esmo de seus títulos: "Baruch Spinoza", "Mateus XXV, 30", "Poema conjectural", "O labirinto", e por aí em diante. Os versos seguintes são característicos, tirados de "Everness":

> Só uma coisa não existe: o esquecimento.
> Deus, que salva o metal, salva as sobras,
> E cifra em sua profética memória
> As luas que virão, e as que passaram.

Às vezes parece que os seus poemas são experimentos para ele chegar às ficções. O impulso poético jamais abandonou Borges significativamente, e isso também se evidencia nas obras em prosa, que normalmente conservam uma qualidade poética. O olho do poeta constantemente eleva essas ficções acima de seus temas não raro secos e acadêmicos.

Para Borges, as recompensas da fama começavam agora a jorrar. Um ano antes de sua nomeação para a Biblioteca Nacional, fora designado professor de Literatura Inglesa da Universidade de Buenos Aires e recebera o Prêmio Nacional de Literatura. Mas ele continuou trabalhando, publicando ensaios, poesia e ficções em revistas. Em 1960, lançou uma importante coletânea em prosa e verso, chamada *O fazedor*.

No prefácio, Borges descreve sua chegada, pela manhã, ao novo local de trabalho:

> Os rumores da praça ficam para trás e entro na Biblioteca. De modo quase físico sinto a gravitação dos livros, o espaço sereno de uma ordem, o tempo dissecado e conservado magicamente. À esquerda e à direita, absortos em seu lúcido sonho, perfilam-se os rostos momentâneos dos leitores, à luz das lâmpadas estudiosas, como na hipálage de Milton.

Como sempre acontece com Borges, raramente essa serenidade é imperturbada. Esse prefácio dirige-se ao poeta Leopoldo Lugones, um dos seus predecessores naquele cargo e com quem mantivera um ambivalente relacionamento. Lugones fora um destacado representante dos simbolistas, a geração que os ultraístas tentaram derrubar. Borges, embora tivesse publicado com seus jovens camaradas palavras sarcásticas contra Lugones, não podia deixar de sentir um certo respeito pelo talento e a habilidade artística da sua poesia. Ele prossegue no prefácio, dirigindo-se a Lugones:

> Estas reflexões me deixam à porta de seu escritório. Entro; depois de trocarmos algumas convencionais e cordiais palavras, entrego-lhe este livro. Se não me engano,

você não me queria mal, Lugones ... Neste ponto meu sonho se desfaz, como a água na água. ... você, Lugones, se matou no início do ano de 1938.

O fazedor não deixa de ter os seus labirintos e espelhos, e de se basear em sonhos, ainda que agora as ficções sejam ainda mais curtas (em média, uma página e meia). Seu aroma tende mais para o literário. Mas é impossível negar que essa coletânea inclui muitas belas ficções e uma excelente série de curtas fantasias. Um destes últimos é "Do rigor na ciência", que cobre menos de meia página e supostamente provém de um antigo volume acadêmico. Fala de um império no qual a arte da cartografia atingira a perfeição, até que o mapa do império ficou tão grande e exato que correspondia "ponto por ponto" à realidade que descrevia. Mas as gerações subsequentes não ficaram tão encantadas assim com aquele mapa, considerando-o sem sentido, e decidiram livrar-se dele:

> [Elas] o entregaram às Inclemências do Sol e dos Invernos. Nos desertos do Oeste perduram despedaçadas Ruínas do Mapa, habitadas por Animais e por Mendigos; em todo o País não há outras relíquias das Disciplinas Geográficas.

Dois textos de *O fazedor* têm um tema de Dante – um eterno favorito de Borges. O primeiro, "*Paradiso*, XXXI, 108", não constitui uma recriação bem-sucedida de velhos temas borgianos, mas contém, de fato, as seguintes linhas que instigam a reflexão: "O perfil de um judeu no subterrâneo talvez seja o de Cristo; as mãos que nos dão umas moedas num postigo talvez repitam as que alguns soldados, certo dia, cravaram na cruz."

O segundo texto dântico, "*Inferno*, I, 32", é uma deliciosa fantasia dupla, de uma eloquência compacta, e que permanece em nossa mente muito depois de termos lido suas cerca de 300 palavras. Vemos o leopardo cativo, que serve de inspiração à imagem do primeiro livro do *Inferno* de Dante. Astuciosamente, a sua natureza animal e a sua repressão são evocadas, como também o segredo da sua *raison d'être*, que Deus diz num sonho: "Vives e morrerás nessa prisão, para que um homem que conheço te olhe um número determinado de vezes e não te esqueça."

O segundo parágrafo revela o outro lado desse exemplo da vontade de Deus. Em frases de uma espantosa simplicidade e força poética, Borges elabora a sua fantasia:

> Anos depois, Dante morria em Ravena, tão injustiçado e tão só quanto qualquer outro homem. Num sonho, Deus lhe declarou o secreto propósito de sua vida e de seu trabalho. Dante, maravilhado, soube por fim quem era e o que era e abençoou suas amarguras. A tradição relata que, ao despertar, sentiu que tinha recebido e perdido uma coisa infinita.

Esta passagem resume claramente a força e a convicção da visão de Borges, mas também o seu ponto fraco. Ele destaca precisamente como Dante deve ter se sentido à morte, "tão injustiçado e tão só quanto qualquer outro homem". Em meio às incertezas da nossa existência, nada podemos conhecer do nosso destino. Quer acreditemos em tal coisa, quer acreditemos ou não em Deus, esse conhecimento permanece além de nós. Mesmo com fé não podemos fugir aos nossos sentimentos de fracasso humano, de extrema solidão e falta de justificativa para nossas vidas. Ainda assim, neste como em tantos outros textos, Borges pretende ver o mundo de um ponto acima de tudo isso. Tudo é predestinado, determinado, é parte do propósito de Deus. Isso nos traz algum consolo – e a visão de Borges nos encoraja a isso –, mas não podemos viver com esse conhecimento, não vivemos com esse conhecimento em meio à azáfama do dia a dia, dos sofrimentos e das alegrias do mundo acidental que habitamos. A visão de Borges é reconfortante porque não é humana. Assim como Spinoza, ele deseja ver o mundo com o olhar da eternidade. Mas Spinoza declarava apenas que era assim que o mundo existia em sua filosofia. De fato ele almejava viver com esse conhecimento, porém sabia que isso era uma aspiração, talvez obtida fugazmente em momentos de iluminação, mas não em todas as horas, todos os dias. Não se pode experimentar, ou descrever, uma vida completa e particular, ou um mundo, desse ponto de vista – exceto talvez em ficções poéticas curtas. Fossem elas um pouco mais longas, um pouco mais detalhadas e realistas, e não seria possível manter tal visão. Seu próprio determinismo, sua própria generalidade, sua falta de livre-arbítrio e de acidentalidade inevitavelmente fariam com que se tornasse insípida. No fim, e reveladoramente, pareceria *desumana* e *sem vida*. Felizmente, o talento e a arte de Borges conseguem na maior parte das vezes disfarçar esse fato, e então temos, por um momento, a garantia de uma visão satisfatória, e até mesmo iluminadora, de como o mundo *poderia* ser. Mas isso, no fim, não passa de uma confortável ilusão.

Isto posto, *O fazedor* também inclui um artigo seminal chamado "Borges e eu", em que ele examina a relação entre ele mesmo e a sua *persona* como escritor. Em lugar de considerá-lo com o olhar da eternidade, opta por vê-lo com os olhos da psicologia, e o resultado é um texto verdadeiramente tantalizante, que provoca todo tipo de questão sobre como vivemos as nossas vidas. Significativamente, o que obtemos aqui são perguntas, e não respostas.

Em 1961, um ano depois da publicação de *O fazedor*, Borges e Samuel Beckett receberam juntos o prestígio internacional do Prix Formentor, da França. Passados alguns meses surgiram duas coletâneas em inglês de obras de Borges. O Prix Formentor significava que agora ele teria traduções garantidas em muitas línguas, e datam desse período a sua fama e o reconhecimento internacional. Naquele mesmo ano, Borges lecionou por um semestre na Universidade do Texas, e nos anos seguintes viajou com frequência ao exterior, fazendo palestras e recebendo títulos honorários. Nessas viagens ia acompanhado pela mãe, Leonor, que agora estava na casa dos 80 anos. Ela continuava sendo uma senhora bem-lançada, sempre vestida com elegância. Em contraste, Borges usava roupas folgadas, que pendiam soltas daquela sua corpulência; o cabelo estava ficando grisalho e o seu rosto cego aparentava mais idade quando em repouso. Leonor e Borges foram frequentemente tomados por marido e mulher.

Ele agora podia visitar muitos locais sobre os quais apenas lera antes, e todos os lugares aonde ia pareciam dispor de associações literárias, principalmente a Grã-Bretanha. Como ele escreveu:

> Já fiz muitas peregrinações: a Londres, tão fértil em recordações literárias; a Lichfield e ao dr. Johnson; a Manchester e a De Quincey; a Rye e a Henry James ... Visitei o lugar onde nasceu minha avó, em Hanley, uma das Five Towns: terra de Arnold Bennett.

Seus heróis literários assombravam ruas e casas, muitas vezes mais vivos para ele do que as pessoas que então as habitavam. Também visitou Madri e Genebra, que vira pela última vez cerca de quarenta anos antes. "Genebra é uma cidade que conheço melhor do que Buenos Aires", declarou, e de certa maneira isso era verdade. Com a deterioração da vista, ele agora não *via* praticamente nada; em Genebra ele estivera pela última vez quando sua visão era clara, e durante anos caminhara pelas ruas de Buenos Aires como se estivesse em meio a um nevoeiro.

Logo aquelas viagens começaram a deixar Leonor exausta. Após 1963, ela não se sentiu mais capaz de acompanhar o filho ao estrangeiro. Mulheres mais jovens estavam loucas de vontade de fazer companhia àquele famoso senhor mundo afora, e então, talvez inevitavelmente, antigos problemas emocionais de Borges ressurgiram. Ele começou apaixonando-se por mulheres com quem havia feito amizade, que ficavam encantadas por sua companhia, mas não sentiam nenhuma atração física por ele. Felizmente, dessa vez, o problema teve uma solução feliz, quando ele encontrou Elsa Astete, que vira pela última vez quando ela contava 17 anos. Borges se apaixonara pela jovem Elsa, escrevendo-lhe uma série de cartas de amor, mas ela se casara com um outro homem. Encontrá-la de novo foi coisa do destino. Ela agora era uma viúva de 57 anos, e mais uma vez ele se apaixonou por ela. Elsa se dispôs a lhe proporcionar um lar independente, coisa que então era o que ele mais queria. Finalmente, aos 68 anos, ele encontrara sua alma gêmea. Em 1967, Borges e Elsa se casaram. Até a mãe dele pareceu aprovar.

As suas viagens ao exterior podem ter-lhe proporcionado a segurança da fama, porém cada vez mais o expuseram, também, a um persistente questionamento sobre um dos poucos tópicos de que realmente ele não conhecia nada: a política. A época era os anos 1960: os *campi* norte-americanos rebelavam-se contra a Guerra do Vietnã; em maio de 1968, Paris foi praticamente tomada por um levante estudantil; a política latino-americana estava em ebulição após a revolução esquerdista de Fidel Castro em Cuba. Nas suas viagens pela América Latina, Borges viu-se interrogado sobre questões que, na sua ingenuidade, pensou que poderia responder idiossincraticamente:

> Eu acredito na revolução, e vivo esperando que ela chegue. Na revolução não haverá líderes políticos. Não haverá propaganda, não haverá estandartes nem bandeiras ... Quando me falam sobre alguma revolução nova, sempre pergunto: "E eles têm uma bandeira?", e quando me respondem "Sim", vejo que então não é a minha revolução.

Respostas desse tipo eram, no mínimo, inadequadas, servindo apenas para alienar suas jovens plateias politizadas nos *campi*. Os estudantes eram, na maioria, de esquerda, opinião que Borges não compartilhava, apesar de dizer que acreditava na revolução. Na verdade ele era um conservador, de muitas maneiras: na sua vida, na sua aparência (estava sempre de terno e gravata), em seus gostos e na rotina da sua existência cotidiana. A "revolução" em que acreditava era um conceito puramente intelectual. E pensava genuinamente que a melhor resposta para a Argentina era a estabilidade, mesmo que ao custo de medidas repressivas. Enquanto isso, a política latino-americana se fazia com violência cada vez maior: enfrentava-se a repressão violenta com violentas manifestações. A simplicidade (e as dificuldades) da situação cada vez mais polarizada foi mais bem resumida pelo grande poeta chileno Pablo Neruda: "Só havia dois caminhos na América do Sul: ou se apoiava os fascistas, ou se tornava comunista." Vale a pena lembrar que nesse período Nelson Mandela, Sartre, Picasso e muitas outras figuras bem conhecidas eram comunistas declarados ou acreditavam na revolução armada. O comunismo era um anátema para Borges, embora ele com certeza tampouco acreditasse no fascismo. E, diferentemente de tantos escritores de esquerda da época, Borges tinha realmente sofrido por suas crenças antifascistas, perdido seu emprego e visto a mãe ser presa (e o pior ainda estava por vir).

Em 1970, Borges publicou uma outra antologia de ficções intitulada *O informe de Brodie*. No Prólogo, mais uma vez ele tenta explicar suas convicções políticas:

> Filiei-me ao Partido Conservador, o que é uma forma de ceticismo, e ninguém me tachou de comunista, de nacionalista, de antissemita, de partidário de Hormiga Negra ou de Rosas. Creio que com o tempo mereceremos que não haja governos. Nunca dissimulei minhas opiniões, nem sequer nos anos árduos.

Os 11 textos reunidos em *O informe de Brodie* diferem claramente dos de *Ficções*, *O Aleph* e *O fazedor*. De acordo com Borges, esses foram "novos riscos em narrativas diretas" e, no processo de escrevê-las, ele retornou aos locais de várias de suas histórias anteriores: os bairros rústicos dos arredores da velha Buenos Aires e das regiões distantes. Aqui o realismo é muitas vezes histórico e violento, como por exemplo em "O encontro", que fala do "caso na época discutido e famoso de Maneco Uriarte e Duncan". A trama se passa em 1910, "o ano do cometa e do Centenário", e agora os protagonistas estão ambos mortos. Todos os que testemunharam o evento juraram solenemente jamais revelar o que tinham visto, e "também eu levantei a mão para jurar ... com toda a romântica seriedade de meus nove ou dez anos". O tema volta ao de "Hombre de la Esquina Rosada", se bem que com um toque metafísico. Apesar disso, ele tem o mesmo realismo envolvente dos contos brutais anteriores sobre infâmia, e a briga de faca é evocada de maneira extremamente vívida:

Sem o poncho, que serve de proteção, aparavam os golpes com o antebraço. As mangas, logo esfarrapadas, iam se manchando de sangue.

Entretanto, a virada nesse conto é Borges clássico, que narra como todos os presentes viram "o corpo sob o céu – mas foi o final de outra história mais antiga". Foi essa "história mais antiga" que fez as testemunhas jurarem voto de silêncio, e que dispõe o narrador a concluir: "As coisas duram mais que a gente."

"A intrusa" também é sobre lutadores de faca: dessa vez são dois irmãos, Cristián e Eduardo, que se apaixonam pela mesma mulher. Essa história brutal data de antes do casamento de Borges, e foi ditada à sua mãe. Parece que ela não gostou nada da história, mas, segundo Borges, quando ele se viu paralisado ao final, foi sua mãe quem lhe forneceu a fala de um dos irmãos que levaria a trama ao fim. Sem que o leitor saiba, Cristián toma uma atitude drástica, que será revelada em suas últimas palavras ao irmão, quando para sua carroça numa rua deserta ao entardecer:

> — Ao trabalho, mano. Depois os caranchos vão nos ajudar. Hoje a matei. Que fique aí com seus trastes. Não vai nos dar mais prejuízo.
>
> Abraçaram-se, quase chorando.

Em vez de brigar com o irmão, Cristián se dispôs a matar a mulher que ambos amavam. Tal foi o final fornecido pela mãe de Borges.

Essa história, é claro, está profundamente ligada ao relacionamento de Borges com a mãe, e com os sentimentos de traição que ele experimentava toda vez que se apaixonava por outra mulher. As palavras brutais sugeridas pela mãe apenas reforçam essa ligação. Nada poderia se interpor ao amor familial que sentiam um pelo outro.

Mesmo depois do casamento de Borges, a épica saga edipiana de Leonor e seu filho prosseguiu. Em 1970, Borges e Elsa separaram-se definitivamente. Eles nada tinham em comum e, como os amigos observaram sobre o encontro "predestinado", passados todos aqueles anos: "destino" é coisa que só acontece nos livros. No dia 7 de julho de 1970, Borges simplesmente retirou-se da casa que havia montado com Elsa e nunca mais voltou.

Em 1973, os peronistas recuperaram arrasadoramente o poder na Argentina. Borges estava no exterior na época, e de lá informou que renunciava ao posto de diretor da Biblioteca Nacional. Agora ele passava a maior parte do tempo longe do país. Mas ainda assim fez uma série de observações imprudentes, em público, sobre a situação na Argentina, e pagaria por isso ao retornar. Isabel Perón, que substituíra Eva ("Evita") como esposa de Perón, tomara o poder após enviuvar. Numa entrevista a *Newsweek*, Borges se referiu a Isabel Perón como "uma fraca substituta para Eva. E uma prostituta também. A primeira morreu, coitadinha, por isso disseram: 'Temos de arranjar uma substituta.' Prostitutas são coisa fácil de se substituir." Depois disso, a mãe dele, então com mais de 90 anos, começou a receber ameaças de morte pelo telefone e puseram uma bomba diante do prédio onde Borges estava morando em Buenos Aires, mas ela não explodiu.

Depois do fracasso do casamento, Borges mais uma vez voltara a viver na casa da família, com sua mãe. Mas Leonor agora estava extremamente velha e doente, pouco mais que uma mera presença sobre a cama. Esquelética, definhando em dores, ela começou a desejar morrer, vindo finalmente a falecer no dia 8 de julho de 1975, aos 99 anos de idade.

No mesmo ano, Borges publicou outra coleção de 13 obras curtas, *O livro de areia*, marcando seu retorno às ficções. O livro foi aclamado, 40 mil cópias vendidas em dois meses de publicação – total extraordinário para uma obra puramente literária na Argentina. Nenhum de seus livros anteriores conseguira tamanha popularidade.

O texto que abre *O livro de areia* tem como título "O outro", e seu tema se assemelha a "Borges e eu", que ele escrevera cerca de quinze anos antes. O contraste entre os dois trabalhos é revelador. Em "O outro", encontramos Borges sentado num banco perto do rio

Charles, em Cambridge, ao norte de Boston, num frio dia de fevereiro. Grandes pedaços de gelo vão flutuando pelo cinzento rio, e isso o faz pensar no antigo filósofo grego Heráclito, que acreditava que tudo fluía e que dizia: "Um homem não entra duas vezes no mesmo rio." É quando um homem vem sentar-se na outra ponta do banco, e tenta assobiar algo que depois se revela uma antiga canção argentina. Borges descreve como "aquela canção me transportou de volta a um pátio que não existe mais e à lembrança de Álvaro Melián Lafinur, que morreu há tantos anos". O homem vem a ser uma versão mais jovem do próprio Borges, sentado num banco junto ao rio Ródano, em Genebra.

Até aqui, tudo bem. Mas então o texto desce para uma discussão de certa forma estereotipada sobre o que o futuro reserva para o Borges mais jovem, e qual dos dois está sonhando com o outro. Essa discussão se estende por várias páginas (longo demais para Borges) e logo começa a arrastar-se. As duas figuras foram reunidas por uma única ideia que, diversamente de tantos dos melhores textos de Borges, tem pequena ressonância além de si mesma. É apenas uma ideia, quase um impulso metafísico, que parece não nos dizer quase nada sobre o próprio Borges, sobre a figura mais jovem ou sobre a condição humana que ela se esforça por iluminar. A ideia segue essa direção, mas nunca consegue apreender seu potencial. Os textos anteriores dele podiam maravilhar o leitor que acompanhava seus giros e volteios, com relances de uma profunda ressonância metafórica. Entretanto, dessa vez não há nada além da ideia frágil e recorrente de uma pessoa que sonha a existência de outra. No final, "O outro" não é nem filosofia, nem psicologia, nem uma boa narrativa.

Outros títulos indicam o declínio dos poderes de Borges: "O espelho e a máscara", "Utopia de um homem que está cansado"... Em vários desses textos, ele se mostra cansado, tanto no aspecto físico quanto no criativo. É quase como se estivesse agindo sem vontade, produzindo o que seus admiradores esperavam dele. Para qualquer outro autor, essa coletânea seria bem interessante, mas Borges se prejudicara ao produzir obras que superavam em muito o meramente interessante. Apenas a curta (três páginas) "Ulrica" sugere alguma coisa nova, embora também ela esteja às vezes sobrecarregada de excessivas referências literárias. Uma vez ou outra, entretanto, ela funciona: "Foi então que olhei para ela. Uma linha de William Blake fala de meninas de suave prata ou de furioso ouro, mas em Ulrica estavam o ouro e a suavidade." E ocasionalmente há um lampejo da antiga presença de espírito:

> Ulrica me convidou para a mesa dela. Disse-me que gostava de sair para caminhar sozinha.
>
> Lembrei-me de uma brincadeira de Schopenhauer e respondi:
>
> — Também eu. Podemos sair os dois juntos.

E, no final, ele encontra o amor. Borges descreve como sobe a escada e acompanha Ulrica até o quarto dela (que tem um inevitável espelho):

> Ulrica já se despira. Chamou-me por meu verdadeiro nome, Javier. Senti que a neve aumentava. Já não restavam móveis nem espelhos. ... Secular na sombra, o amor fluiu e possuí a imagem de Ulrica pela primeira e última vez.

Mais uma vez, Borges se apaixonara. Agora, quando viajava para o exterior, ia sempre acompanhado por sua jovem secretária, Maria Kodama, mais de 40 anos mais moça que ele. Dessa vez, já farto de se machucar, Borges levou algum tempo antes de revelar a ela os seus sentimentos. Porém Maria parece ter estado perfeitamente consciente do que estava acontecendo e acolheu bem as atenções de Borges. Ela aceitou ser sua esposa. Mas havia um sério obstáculo: o divórcio era ilegal na Argentina, e esse problema parecia intransponível enquanto Borges vivesse em sua terra natal. Entretanto, no início dos anos 1980, ele soube que tinha câncer e que não teria muito tempo mais de vida. Em 1985, deixou Buenos Aires para sempre, indo residir na única cidade da qual sempre guardou gratas lembranças, desde os tempos de colégio até as muitas visitas que fez posteriormente: Genebra ("O outro" pode ter deficiências artísticas, mas contém o elemento mágico do velho

Borges na sua sugestão profética: ele vai acabar como a figura com que havia sonhado, sentado junto do rio, em Genebra).

Em abril de 1986, Borges casou-se com Maria Kodama, usando uma série de artifícios legitimamente borgianos. O casamento foi realizado num longínquo escritório de registros civis no Paraguai, e que surpreendentemente não exigiu a presença de nenhum dos dois noivos. Foi uma união verdadeiramente metafísica, tornada possível pelo requisito tão físico do dinheiro vivo: conjunção que fazia eco ao melhor da obra de Borges. Segue-se outra guinada, quando se descobre que o consulado paraguaio em Genebra não possui nenhum registro do acontecimento – que, de acordo com a lei, deveria ter ficado registrado lá. E outra virada *à la* Borges aconteceria ainda, quando as autoridades argentinas tentaram anular aquela união mas não o conseguiram porque não havia nenhuma evidência de casamento a ser anulada!

Dois meses depois do ilusório casamento de Borges, ele sucumbiu ao câncer, morrendo em Genebra aos 86 anos. Maria, sua noiva de 40 anos, estava a seu lado.

POSFÁCIO

◇◇◇

A SEU MODO INIMITÁVEL, Borges teve a última palavra sobre Borges. Mais de um quarto de século antes de morrer, ele escreveu o texto autobiográfico "Borges e eu". Na época, o texto pareceu de uma psicologia enigmática, em que Borges contrapunha o seu eu vivente ("Eu") ao seu eu escritor ("Borges").

> Agradam-me os relógios de areia, os mapas, a tipografia do século XVIII, as etimologias, o gosto do café e a prosa de Stevenson; o outro compartilha essas preferências, mas de um modo vaidoso que as transforma em atributos de um ator.

O "Eu" que vive e o "Borges" que escreve compartilham muita coisa, mas, em última análise, são criaturas separadas. Uma usa a outra, e a outra também, de alguma forma, depende da primeira.

> Seria exagerado afirmar que nossa relação é hostil; eu vivo, eu me deixo viver, para que Borges possa tramar sua literatura, e essa literatura me justifica.

Entretanto, o "Eu" que vive sabe que acabará sendo derrotado pelo Borges que "trama sua literatura". Enigmático como sempre, Borges conclui com uma pilhéria provocadora: "Não sei qual dos dois escreve esta página."

À primeira vista, isto pode parecer o escritor ensimesmado a desaparecer diante de sua própria psique. Um momento de autoexame do leitor revela que a situação descrita por Borges é, de fato, parte da condição humana universal. É uma importante percepção intuitiva de como todos nós vivemos nossas vidas. Cada um de nós tem um "eu" que vive e um "Borges" – uma *persona* – que "trama" o seu eu público, suas ações, o que ele produz, suas criações, o que ele "faz" da sua vida. O "Eu" que vive simplesmente existe no coração dessa teia que tecemos de nós mesmos, para tocaiar, acuar ou subjugar os outros.

Depois da morte de Borges, alguns trechos desse ensaio ganhariam outros níveis de significado, como ele certamente sabia que aconteceria. Em "Borges e eu", ele escreveu premonitoriamente: "Estou destinado a perder-me, definitivamente, e só um ou outro instante de mim poderá sobreviver no outro." Na vida, como na morte, o Borges vivo tinha perfeita consciência do seu destino:

> Spinoza entendeu que todas as coisas querem perseverar em seu ser; a pedra eternamente quer ser pedra e o tigre, um tigre. Eu permanecerei em Borges, não em mim.

PRINCIPAIS OBRAS DE BORGES EM PORTUGUÊS

Fervor de Buenos Aires (poemas, 1923)
Lua defronte (poemas, 1925)
Caderno San Martín (poemas, 1929)
Discussão (ensaios, 1932)
O jardim de veredas que se bifurcam (contos, 1941)
Artifícios (contos, 1944)
O Aleph (contos, 1949)
Outras inquisições (ensaios, 1952)
O fazedor (contos, 1960)
O outro, o mesmo (poemas, 1964)
O livro dos seres imaginários (ficções, 1968)
O elogio da sombra (poemas, 1969)
O informe de Brodie (contos, 1970)
O ouro dos tigres (poemas, 1972)
O livro de areia (contos, 1975)
A rosa profunda (poemas, 1975)

A moeda de ferro (poemas, 1976)
História da noite (poemas, 1977)
A cifra (poemas, 1981)
Os conjurados (poemas, 1985)

CRONOLOGIA DA VIDA E DA ÉPOCA DE BORGES

1899 Jorge Luis Borges nasce no dia 24 de agosto em Buenos Aires, na rua Tucumán nº 840, filho de Jorge Guillermo Borges e de Leonor de Acevedo Borges.

1914 A família Borges parte para uma prolongada estada na Europa. Irrupção da Primeira Guerra Mundial. Borges frequenta o ginásio público em Genebra, Suíça, onde aprende francês e alemão.

1918 Termina a Primeira Guerra Mundial. Borges viaja com a família para a Espanha, onde passam a residir. Ali ele conhece membros do grupo ultraísta e publica seus primeiros poemas em revistas.

1921 A família Borges retorna para a Argentina, indo morar em Buenos Aires. Borges introduz o ultraísmo na Argentina e publica o seu primeiro livro de poemas, *Fervor de Buenos Aires*.

1925 Publica o segundo livro de poemas, *Lua defronte.*

1929 Publica o terceiro livro de poemas, *Caderno San Martín*, que obtém o segundo lugar no Prêmio Literário de Buenos Aires. Com o dinheiro do prêmio, Borges compra uma *Encyclopaedia britannica.* À quebra de Wall Street segue-se a Grande Depressão mundial dos anos 1930.

1935 Publica *História universal de la infamia*, sua primeira coletânea de contos.

1937 O pai de Borges sofre um derrame e morre. Borges começa a trabalhar como catalogador na Biblioteca M unicipal Cané, num subúrbio operário de Buenos Aires.

1938 Choca-se contra uma janela de vidro, sofre uma septicemia e quase morre. Depois de muitas semanas no hospital, começa a escrever as primeiras ficções caracteristicamente suas.

1939 A Segunda Guerra Mundial irrompe na Europa. A Argentina é oficialmente neutra, mas o governo não esconde o seu favorecimento ao Eixo, da Alemanha nazista e da Itália fascista. O pequeno encouraçado alemão *Graf Spee* é afundado no litoral de Montevidéu.

1941 Publica *O jardim de veredas que se bifurcam*, amplamente reconhecido como uma obra-prima.

1942 Por motivos políticos, *O jardim de veredas que se bifurcam* não recebe o Prêmio Literário Nacional. A revista *Sur* publica uma edição dedicada a Borges, como protesto pela não concessão do prêmio a ele.

1944 Publica *Ficções*, que inclui "O jardim de veredas que se bifurcam" e outros contos inéditos.

1946 O populista Juan Perón torna-se presidente da Argentina, impondo uma ditadura de direita. Borges é demitido da biblioteca onde trabalha e é insultuosamente "promovido" a inspetor de galinhas e coelhos no mercado local, emprego que ele recusa.

1949 Publica *O Aleph*, coletânea de contos.

1951 Uma tradução de *Ficções* é publicada em Paris, a primeira edição de uma obra sua no estrangeiro.

1952 Morte de Eva Perón.

1953 Derrubada do governo peronista. Perón foge para a Espanha.

1955 Borges é nomeado diretor da Biblioteca Nacional. Fica quase totalmente cego.

1959 Fidel Castro toma o poder em Cuba.

1960 Borges publica uma coletânea de prosa e verso, *O fazedor*.

1961 Divide com Samuel Beckett o prestigiado Prix Formentor, da França, o que dá início à fama e ao reconhecimento internacional. Leciona por um semestre na Universidade do Texas.

1968 Aos 68 anos, casa-se com Elsa Astete Millán.

1970 Fim do casamento com Elsa. Publicação de uma coletânea de contos, *O informe de Brodie*.

1973 Os peronistas retornam ao poder. Borges renuncia ao cargo de diretor da Biblioteca Nacional.

1975 Morte da mãe de Borges, aos 99 anos. Publicação de uma coletânea de ficções, *O livro de areia*.

1981 Gabriel García Márquez recebe o Prêmio Nobel, colocando um ponto final nas esperanças de Borges ao prêmio.

1985 Borges deixa Buenos Aires pela última vez.

1986 Em abril, casa-se com Maria Kodama. Em 14 de junho, morre em Genebra, onde está enterrado.

LEITURA SUGERIDA

◇◇◇

Harold Bloom (org.), *Jorge Luis Borges: Modern Critical Views*. Nova York, Chelsea House, 2000.

Jorge Luis Borges, *Esse ofício do verso*. São Paulo, Companhia das Letras, 2007.

Evelyn Fishburn e Psiche Hughes, *A Dictionary of Borges*. Londres, Duckworth, 1989.

Emir R. Monegal, *Borges: Uma poética da leitura*. São Paulo, Perspectiva, 1980.

Emir Rodriguez Monegal e Alastair Reid (orgs.), *Borges: A Reader*. Nova York, Plume, 1981.

Martin S. Stabb, *Jorge Luis Borges*. Nova York, St. Martin's, 1975.

Edwin Williamson, *Borges: A Life*. Nova York/Londres, Penguin, 2005.

CRÉDITOS DAS CITAÇÕES

◇◇◇

As passagens das obras abaixo seguem as traduções indicadas:

Aleph (São Paulo, Companhia das Letras, 2008, trad. Davi Arrigucci Jr.)

Artifícios, in *Ficções* (São Paulo, Companhia das Letras, 2008, trad. Davi Arrigucci Jr.)

O fazedor (São Paulo, Companhia das Letras, 2008, trad. Josely Vianna Baptista).

Fervor de Buenos Aires, in *Primeira poesia* (São Paulo, Companhia das Letras, 2007, trad. Josely Vianna Baptista)

O informe de Brodie (São Paulo, Companhia das Letras, 2008, trad. Davi Arrigucci Jr.).

O jardim de veredas que se bifurcam, in *Ficções* (São Paulo, Companhia das Letras, 2008, trad. Davi Arrigucci Jr.)

O livro de areia (São Paulo, Companhia das Letras, 2009, trad. Davi Arrigucci Jr.)

Lua defronte, in *Primeira poesia* (São Paulo, Companhia das Letras, 2007, trad. Josely Vianna Baptista)

ÍNDICE REMISSIVO

Este livro foi composto em Fournier e Typeface
e impresso pela Bartira Gráfica em junho de 2009.